2-Person

Daily Appointment Book
2020

I. S. Anderson

2-Person

Daily Appointment Book

2020

ISBN-10: 1-947399-17-9

ISBN-13: 978-1-947399-17-4

For more information regarding this publication, contact: **nahjpress@outlook.com**

First Printing, 2019

2-Person

Daily Appointment Book

2020

Belongs To:

_____

2020

JANUARY

S	M	T	W	T	F	S
			1	2	3	4
5	6	7	8	9	10	11
12	13	14	15	16	17	18
19	20	21	22	23	24	25
26	27	28	29	30	31	

FEBRUARY

S	M	T	W	T	F	S
						1
2	3	4	5	6	7	8
9	10	11	12	13	14	15
16	17	18	19	20	21	22
23	24	25	26	27	28	29

MARCH

S	M	T	W	T	F	S
1	2	3	4	5	6	7
8	9	10	11	12	13	14
15	16	17	18	19	20	21
22	23	24	25	26	27	28
29	30	31				

APRIL

S	M	T	W	T	F	S
			1	2	3	4
5	6	7	8	9	10	11
12	13	14	15	16	17	18
19	20	21	22	23	24	25
26	27	28	29	30		

MAY

S	M	T	W	T	F	S
					1	2
3	4	5	6	7	8	9
10	11	12	13	14	15	16
17	18	19	20	21	22	23
24	25	26	27	28	29	30
31						

JUNE

S	M	T	W	T	F	S
	1	2	3	4	5	6
7	8	9	10	11	12	13
14	15	16	17	18	19	20
21	22	23	24	25	26	27
28	29	30				

JULY

S	M	T	W	T	F	S
			1	2	3	4
5	6	7	8	9	10	11
12	13	14	15	16	17	18
19	20	21	22	23	24	25
26	27	28	29	30	31	

AUGUST

S	M	T	W	T	F	S
						1
2	3	4	5	6	7	8
9	10	11	12	13	14	15
16	17	18	19	20	21	22
23	24	25	26	27	28	29
30	31					

SEPTEMBER

S	M	T	W	T	F	S
		1	2	3	4	5
6	7	8	9	10	11	12
13	14	15	16	17	18	19
20	21	22	23	24	25	26
27	28	29	30			

OCTOBER

S	M	T	W	T	F	S
				1	2	3
4	5	6	7	8	9	10
11	12	13	14	15	16	17
18	19	20	21	22	23	24
25	26	27	28	29	30	31

NOVEMBER

S	M	T	W	T	F	S
1	2	3	4	5	6	7
8	9	10	11	12	13	14
15	16	17	18	19	20	21
22	23	24	25	26	27	28
29	30					

DECEMBER

S	M	T	W	T	F	S
		1	2	3	4	5
6	7	8	9	10	11	12
13	14	15	16	17	18	19
20	21	22	23	24	25	26
27	28	29	30	31		

2021

JANUARY

S	M	T	W	T	F	S
					1	2
3	4	5	6	7	8	9
10	11	12	13	14	15	16
17	18	19	20	21	22	23
24	25	26	27	28	29	30
31						

FEBRUARY

S	M	T	W	T	F	S
	1	2	3	4	5	6
7	8	9	10	11	12	13
14	15	16	17	18	19	20
21	22	23	24	25	26	27
28						

MARCH

S	M	T	W	T	F	S
	1	2	3	4	5	6
7	8	9	10	11	12	13
14	15	16	17	18	19	20
21	22	23	24	25	26	27
28	29	30	31			

APRIL

S	M	T	W	T	F	S
				1	2	3
4	5	6	7	8	9	10
11	12	13	14	15	16	17
18	19	20	21	22	23	24
25	26	27	28	29	30	

MAY

S	M	T	W	T	F	S
						1
2	3	4	5	6	7	8
9	10	11	12	13	14	15
16	17	18	19	20	21	22
23	24	25	26	27	28	29
30	31					

JUNE

S	M	T	W	T	F	S
		1	2	3	4	5
6	7	8	9	10	11	12
13	14	15	16	17	18	19
20	21	22	23	24	25	26
27	28	29	30			

JULY

S	M	T	W	T	F	S
				1	2	3
4	5	6	7	8	9	10
11	12	13	14	15	16	17
18	19	20	21	22	23	24
25	26	27	28	29	30	31

AUGUST

S	M	T	W	T	F	S
1	2	3	4	5	6	7
8	9	10	11	12	13	14
15	16	17	18	19	20	21
22	23	24	25	26	27	28
29	30	31				

SEPTEMBER

S	M	T	W	T	F	S
			1	2	3	4
5	6	7	8	9	10	11
12	13	14	15	16	17	18
19	20	21	22	23	24	25
26	27	28	29	30		

OCTOBER

S	M	T	W	T	F	S
					1	2
3	4	5	6	7	8	9
10	11	12	13	14	15	16
17	18	19	20	21	22	23
24	25	26	27	28	29	30
31						

NOVEMBER

S	M	T	W	T	F	S
	1	2	3	4	5	6
7	8	9	10	11	12	13
14	15	16	17	18	19	20
21	22	23	24	25	26	27
28	29	30				

DECEMBER

S	M	T	W	T	F	S
			1	2	3	4
5	6	7	8	9	10	11
12	13	14	15	16	17	18
19	20	21	22	23	24	25
26	27	28	29	30	31	

January 1 (Wednesday) New Year's Day

7	**7**
:15	:15
:30	:30
:45	:45
8	**8**
:15	:15
:30	:30
:45	:45
9	**9**
:15	:15
:30	:30
:45	:45
10	**10**
:15	:15
:30	:30
:45	:45
11	**11**
:15	:15
:30	:30
:45	:45
12	**12**
:15	:15
:30	:30
:45	:45
1	**1**
:15	:15
:30	:30
:45	:45
2	**2**
:15	:15
:30	:30
:45	:45
3	**3**
:15	:15
:30	:30
:45	:45
4	**4**
:15	:15
:30	:30
:45	:45
5	**5**
:15	:15
:30	:30
:45	:45
6	**6**
:15	:15
:30	:30
:45	:45
7	**7**
:15	:15
:30	:30
:45	:45
8	**8**
:15	:15
:30	:30
:45	:45

7	**7**
:15	:15
:30	:30
:45	:45
8	**8**
:15	:15
:30	:30
:45	:45
9	**9**
:15	:15
:30	:30
:45	:45
10	**10**
:15	:15
:30	:30
:45	:45
11	**11**
:15	:15
:30	:30
:45	:45
12	**12**
:15	:15
:30	:30
:45	:45
1	**1**
:15	:15
:30	:30
:45	:45
2	**2**
:15	:15
:30	:30
:45	:45
3	**3**
:15	:15
:30	:30
:45	:45
4	**4**
:15	:15
:30	:30
:45	:45
5	**5**
:15	:15
:30	:30
:45	:45
6	**6**
:15	:15
:30	:30
:45	:45
7	**7**
:15	:15
:30	:30
:45	:45
8	**8**
:15	:15
:30	:30
:45	:45

January 3 (Friday)

7	**7**
:15	:15
:30	:30
:45	:45
8	**8**
:15	:15
:30	:30
:45	:45
9	**9**
:15	:15
:30	:30
:45	:45
10	**10**
:15	:15
:30	:30
:45	:45
11	**11**
:15	:15
:30	:30
:45	:45
12	**12**
:15	:15
:30	:30
:45	:45
1	**1**
:15	:15
:30	:30
:45	:45
2	**2**
:15	:15
:30	:30
:45	:45
3	**3**
:15	:15
:30	:30
:45	:45
4	**4**
:15	:15
:30	:30
:45	:45
5	**5**
:15	:15
:30	:30
:45	:45
6	**6**
:15	:15
:30	:30
:45	:45
7	**7**
:15	:15
:30	:30
:45	:45
8	**8**
:15	:15
:30	:30
:45	:45

7	**7**
:15	:15
:30	:30
:45	:45
8	**8**
:15	:15
:30	:30
:45	:45
9	**9**
:15	:15
:30	:30
:45	:45
10	**10**
:15	:15
:30	:30
:45	:45
11	**11**
:15	:15
:30	:30
:45	:45
12	**12**
:15	:15
:30	:30
:45	:45
1	**1**
:15	:15
:30	:30
:45	:45
2	**2**
:15	:15
:30	:30
:45	:45
3	**3**
:15	:15
:30	:30
:45	:45
4	**4**
:15	:15
:30	:30
:45	:45
5	**5**
:15	:15
:30	:30
:45	:45
6	**6**
:15	:15
:30	:30
:45	:45
7	**7**
:15	:15
:30	:30
:45	:45
8	**8**
:15	:15
:30	:30
:45	:45

January 5 (Sunday)

7	**7**
:15	:15
:30	:30
:45	:45
8	**8**
:15	:15
:30	:30
:45	:45
9	**9**
:15	:15
:30	:30
:45	:45
10	**10**
:15	:15
:30	:30
:45	:45
11	**11**
:15	:15
:30	:30
:45	:45
12	**12**
:15	:15
:30	:30
:45	:45
1	**1**
:15	:15
:30	:30
:45	:45
2	**2**
:15	:15
:30	:30
:45	:45
3	**3**
:15	:15
:30	:30
:45	:45
4	**4**
:15	:15
:30	:30
:45	:45
5	**5**
:15	:15
:30	:30
:45	:45
6	**6**
:15	:15
:30	:30
:45	:45
7	**7**
:15	:15
:30	:30
:45	:45
8	**8**
:15	:15
:30	:30
:45	:45

January 6 (Monday)

7	**7**
:15	:15
:30	:30
:45	:45
8	**8**
:15	:15
:30	:30
:45	:45
9	**9**
:15	:15
:30	:30
:45	:45
10	**10**
:15	:15
:30	:30
:45	:45
11	**11**
:15	:15
:30	:30
:45	:45
12	**12**
:15	:15
:30	:30
:45	:45
1	**1**
:15	:15
:30	:30
:45	:45
2	**2**
:15	:15
:30	:30
:45	:45
3	**3**
:15	:15
:30	:30
:45	:45
4	**4**
:15	:15
:30	:30
:45	:45
5	**5**
:15	:15
:30	:30
:45	:45
6	**6**
:15	:15
:30	:30
:45	:45
7	**7**
:15	:15
:30	:30
:45	:45
8	**8**
:15	:15
:30	:30
:45	:45

7	**7**
:15	:15
:30	:30
:45	:45
8	**8**
:15	:15
:30	:30
:45	:45
9	**9**
:15	:15
:30	:30
:45	:45
10	**10**
:15	:15
:30	:30
:45	:45
11	**11**
:15	:15
:30	:30
:45	:45
12	**12**
:15	:15
:30	:30
:45	:45
1	**1**
:15	:15
:30	:30
:45	:45
2	**2**
:15	:15
:30	:30
:45	:45
3	**3**
:15	:15
:30	:30
:45	:45
4	**4**
:15	:15
:30	:30
:45	:45
5	**5**
:15	:15
:30	:30
:45	:45
6	**6**
:15	:15
:30	:30
:45	:45
7	**7**
:15	:15
:30	:30
:45	:45
8	**8**
:15	:15
:30	:30
:45	:45

7	**7**
:15	:15
:30	:30
:45	:45
8	**8**
:15	:15
:30	:30
:45	:45
9	**9**
:15	:15
:30	:30
:45	:45
10	**10**
:15	:15
:30	:30
:45	:45
11	**11**
:15	:15
:30	:30
:45	:45
12	**12**
:15	:15
:30	:30
:45	:45
1	**1**
:15	:15
:30	:30
:45	:45
2	**2**
:15	:15
:30	:30
:45	:45
3	**3**
:15	:15
:30	:30
:45	:45
4	**4**
:15	:15
:30	:30
:45	:45
5	**5**
:15	:15
:30	:30
:45	:45
6	**6**
:15	:15
:30	:30
:45	:45
7	**7**
:15	:15
:30	:30
:45	:45
8	**8**
:15	:15
:30	:30
:45	:45

January 9 (Thursday)

7	**7**
:15	:15
:30	:30
:45	:45
8	**8**
:15	:15
:30	:30
:45	:45
9	**9**
:15	:15
:30	:30
:45	:45
10	**10**
:15	:15
:30	:30
:45	:45
11	**11**
:15	:15
:30	:30
:45	:45
12	**12**
:15	:15
:30	:30
:45	:45
1	**1**
:15	:15
:30	:30
:45	:45
2	**2**
:15	:15
:30	:30
:45	:45
3	**3**
:15	:15
:30	:30
:45	:45
4	**4**
:15	:15
:30	:30
:45	:45
5	**5**
:15	:15
:30	:30
:45	:45
6	**6**
:15	:15
:30	:30
:45	:45
7	**7**
:15	:15
:30	:30
:45	:45
8	**8**
:15	:15
:30	:30
:45	:45

7	**7**
:15	:15
:30	:30
:45	:45
8	**8**
:15	:15
:30	:30
:45	:45
9	**9**
:15	:15
:30	:30
:45	:45
10	**10**
:15	:15
:30	:30
:45	:45
11	**11**
:15	:15
:30	:30
:45	:45
12	**12**
:15	:15
:30	:30
:45	:45
1	**1**
:15	:15
:30	:30
:45	:45
2	**2**
:15	:15
:30	:30
:45	:45
3	**3**
:15	:15
:30	:30
:45	:45
4	**4**
:15	:15
:30	:30
:45	:45
5	**5**
:15	:15
:30	:30
:45	:45
6	**6**
:15	:15
:30	:30
:45	:45
7	**7**
:15	:15
:30	:30
:45	:45
8	**8**
:15	:15
:30	:30
:45	:45

January 11 (Saturday)

7	**7**
:15	:15
:30	:30
:45	:45
8	**8**
:15	:15
:30	:30
:45	:45
9	**9**
:15	:15
:30	:30
:45	:45
10	**10**
:15	:15
:30	:30
:45	:45
11	**11**
:15	:15
:30	:30
:45	:45
12	**12**
:15	:15
:30	:30
:45	:45
1	**1**
:15	:15
:30	:30
:45	:45
2	**2**
:15	:15
:30	:30
:45	:45
3	**3**
:15	:15
:30	:30
:45	:45
4	**4**
:15	:15
:30	:30
:45	:45
5	**5**
:15	:15
:30	:30
:45	:45
6	**6**
:15	:15
:30	:30
:45	:45
7	**7**
:15	:15
:30	:30
:45	:45
8	**8**
:15	:15
:30	:30
:45	:45

January 12 (Sunday)

7	**7**
:15	:15
:30	:30
:45	:45
8	**8**
:15	:15
:30	:30
:45	:45
9	**9**
:15	:15
:30	:30
:45	:45
10	**10**
:15	:15
:30	:30
:45	:45
11	**11**
:15	:15
:30	:30
:45	:45
12	**12**
:15	:15
:30	:30
:45	:45
1	**1**
:15	:15
:30	:30
:45	:45
2	**2**
:15	:15
:30	:30
:45	:45
3	**3**
:15	:15
:30	:30
:45	:45
4	**4**
:15	:15
:30	:30
:45	:45
5	**5**
:15	:15
:30	:30
:45	:45
6	**6**
:15	:15
:30	:30
:45	:45
7	**7**
:15	:15
:30	:30
:45	:45
8	**8**
:15	:15
:30	:30
:45	:45

January 13 (Monday)

7	**7**
:15	:15
:30	:30
:45	:45
8	**8**
:15	:15
:30	:30
:45	:45
9	**9**
:15	:15
:30	:30
:45	:45
10	**10**
:15	:15
:30	:30
:45	:45
11	**11**
:15	:15
:30	:30
:45	:45
12	**12**
:15	:15
:30	:30
:45	:45
1	**1**
:15	:15
:30	:30
:45	:45
2	**2**
:15	:15
:30	:30
:45	:45
3	**3**
:15	:15
:30	:30
:45	:45
4	**4**
:15	:15
:30	:30
:45	:45
5	**5**
:15	:15
:30	:30
:45	:45
6	**6**
:15	:15
:30	:30
:45	:45
7	**7**
:15	:15
:30	:30
:45	:45
8	**8**
:15	:15
:30	:30
:45	:45

7	**7**
:15	:15
:30	:30
:45	:45
8	**8**
:15	:15
:30	:30
:45	:45
9	**9**
:15	:15
:30	:30
:45	:45
10	**10**
:15	:15
:30	:30
:45	:45
11	**11**
:15	:15
:30	:30
:45	:45
12	**12**
:15	:15
:30	:30
:45	:45
1	**1**
:15	:15
:30	:30
:45	:45
2	**2**
:15	:15
:30	:30
:45	:45
3	**3**
:15	:15
:30	:30
:45	:45
4	**4**
:15	:15
:30	:30
:45	:45
5	**5**
:15	:15
:30	:30
:45	:45
6	**6**
:15	:15
:30	:30
:45	:45
7	**7**
:15	:15
:30	:30
:45	:45
8	**8**
:15	:15
:30	:30
:45	:45

January 15 (Wednesday)

7	**7**
:15	:15
:30	:30
:45	:45
8	**8**
:15	:15
:30	:30
:45	:45
9	**9**
:15	:15
:30	:30
:45	:45
10	**10**
:15	:15
:30	:30
:45	:45
11	**11**
:15	:15
:30	:30
:45	:45
12	**12**
:15	:15
:30	:30
:45	:45
1	**1**
:15	:15
:30	:30
:45	:45
2	**2**
:15	:15
:30	:30
:45	:45
3	**3**
:15	:15
:30	:30
:45	:45
4	**4**
:15	:15
:30	:30
:45	:45
5	**5**
:15	:15
:30	:30
:45	:45
6	**6**
:15	:15
:30	:30
:45	:45
7	**7**
:15	:15
:30	:30
:45	:45
8	**8**
:15	:15
:30	:30
:45	:45

7	**7**
:15	:15
:30	:30
:45	:45
8	**8**
:15	:15
:30	:30
:45	:45
9	**9**
:15	:15
:30	:30
:45	:45
10	**10**
:15	:15
:30	:30
:45	:45
11	**11**
:15	:15
:30	:30
:45	:45
12	**12**
:15	:15
:30	:30
:45	:45
1	**1**
:15	:15
:30	:30
:45	:45
2	**2**
:15	:15
:30	:30
:45	:45
3	**3**
:15	:15
:30	:30
:45	:45
4	**4**
:15	:15
:30	:30
:45	:45
5	**5**
:15	:15
:30	:30
:45	:45
6	**6**
:15	:15
:30	:30
:45	:45
7	**7**
:15	:15
:30	:30
:45	:45
8	**8**
:15	:15
:30	:30
:45	:45

January 17 (Friday)

7	**7**
:15	:15
:30	:30
:45	:45
8	**8**
:15	:15
:30	:30
:45	:45
9	**9**
:15	:15
:30	:30
:45	:45
10	**10**
:15	:15
:30	:30
:45	:45
11	**11**
:15	:15
:30	:30
:45	:45
12	**12**
:15	:15
:30	:30
:45	:45
1	**1**
:15	:15
:30	:30
:45	:45
2	**2**
:15	:15
:30	:30
:45	:45
3	**3**
:15	:15
:30	:30
:45	:45
4	**4**
:15	:15
:30	:30
:45	:45
5	**5**
:15	:15
:30	:30
:45	:45
6	**6**
:15	:15
:30	:30
:45	:45
7	**7**
:15	:15
:30	:30
:45	:45
8	**8**
:15	:15
:30	:30
:45	:45

7	**7**
:15	:15
:30	:30
:45	:45
8	**8**
:15	:15
:30	:30
:45	:45
9	**9**
:15	:15
:30	:30
:45	:45
10	**10**
:15	:15
:30	:30
:45	:45
11	**11**
:15	:15
:30	:30
:45	:45
12	**12**
:15	:15
:30	:30
:45	:45
1	**1**
:15	:15
:30	:30
:45	:45
2	**2**
:15	:15
:30	:30
:45	:45
3	**3**
:15	:15
:30	:30
:45	:45
4	**4**
:15	:15
:30	:30
:45	:45
5	**5**
:15	:15
:30	:30
:45	:45
6	**6**
:15	:15
:30	:30
:45	:45
7	**7**
:15	:15
:30	:30
:45	:45
8	**8**
:15	:15
:30	:30
:45	:45

January 19 (Sunday)

7	**7**
:15	:15
:30	:30
:45	:45
8	**8**
:15	:15
:30	:30
:45	:45
9	**9**
:15	:15
:30	:30
:45	:45
10	**10**
:15	:15
:30	:30
:45	:45
11	**11**
:15	:15
:30	:30
:45	:45
12	**12**
:15	:15
:30	:30
:45	:45
1	**1**
:15	:15
:30	:30
:45	:45
2	**2**
:15	:15
:30	:30
:45	:45
3	**3**
:15	:15
:30	:30
:45	:45
4	**4**
:15	:15
:30	:30
:45	:45
5	**5**
:15	:15
:30	:30
:45	:45
6	**6**
:15	:15
:30	:30
:45	:45
7	**7**
:15	:15
:30	:30
:45	:45
8	**8**
:15	:15
:30	:30
:45	:45

Martin Luther King Jr. Day

7	**7**
:15	:15
:30	:30
:45	:45
8	**8**
:15	:15
:30	:30
:45	:45
9	**9**
:15	:15
:30	:30
:45	:45
10	**10**
:15	:15
:30	:30
:45	:45
11	**11**
:15	:15
:30	:30
:45	:45
12	**12**
:15	:15
:30	:30
:45	:45
1	**1**
:15	:15
:30	:30
:45	:45
2	**2**
:15	:15
:30	:30
:45	:45
3	**3**
:15	:15
:30	:30
:45	:45
4	**4**
:15	:15
:30	:30
:45	:45
5	**5**
:15	:15
:30	:30
:45	:45
6	**6**
:15	:15
:30	:30
:45	:45
7	**7**
:15	:15
:30	:30
:45	:45
8	**8**
:15	:15
:30	:30
:45	:45

January 21 (Tuesday)

7	**7**
:15	:15
:30	:30
:45	:45
8	**8**
:15	:15
:30	:30
:45	:45
9	**9**
:15	:15
:30	:30
:45	:45
10	**10**
:15	:15
:30	:30
:45	:45
11	**11**
:15	:15
:30	:30
:45	:45
12	**12**
:15	:15
:30	:30
:45	:45
1	**1**
:15	:15
:30	:30
:45	:45
2	**2**
:15	:15
:30	:30
:45	:45
3	**3**
:15	:15
:30	:30
:45	:45
4	**4**
:15	:15
:30	:30
:45	:45
5	**5**
:15	:15
:30	:30
:45	:45
6	**6**
:15	:15
:30	:30
:45	:45
7	**7**
:15	:15
:30	:30
:45	:45
8	**8**
:15	:15
:30	:30
:45	:45

January 22 (Wednesday)

7	**7**
:15	:15
:30	:30
:45	:45
8	**8**
:15	:15
:30	:30
:45	:45
9	**9**
:15	:15
:30	:30
:45	:45
10	**10**
:15	:15
:30	:30
:45	:45
11	**11**
:15	:15
:30	:30
:45	:45
12	**12**
:15	:15
:30	:30
:45	:45
1	**1**
:15	:15
:30	:30
:45	:45
2	**2**
:15	:15
:30	:30
:45	:45
3	**3**
:15	:15
:30	:30
:45	:45
4	**4**
:15	:15
:30	:30
:45	:45
5	**5**
:15	:15
:30	:30
:45	:45
6	**6**
:15	:15
:30	:30
:45	:45
7	**7**
:15	:15
:30	:30
:45	:45
8	**8**
:15	:15
:30	:30
:45	:45

January 23 (Thursday)

7	**7**
:15	:15
:30	:30
:45	:45
8	**8**
:15	:15
:30	:30
:45	:45
9	**9**
:15	:15
:30	:30
:45	:45
10	**10**
:15	:15
:30	:30
:45	:45
11	**11**
:15	:15
:30	:30
:45	:45
12	**12**
:15	:15
:30	:30
:45	:45
1	**1**
:15	:15
:30	:30
:45	:45
2	**2**
:15	:15
:30	:30
:45	:45
3	**3**
:15	:15
:30	:30
:45	:45
4	**4**
:15	:15
:30	:30
:45	:45
5	**5**
:15	:15
:30	:30
:45	:45
6	**6**
:15	:15
:30	:30
:45	:45
7	**7**
:15	:15
:30	:30
:45	:45
8	**8**
:15	:15
:30	:30
:45	:45

7	**7**
:15	:15
:30	:30
:45	:45
8	**8**
:15	:15
:30	:30
:45	:45
9	**9**
:15	:15
:30	:30
:45	:45
10	**10**
:15	:15
:30	:30
:45	:45
11	**11**
:15	:15
:30	:30
:45	:45
12	**12**
:15	:15
:30	:30
:45	:45
1	**1**
:15	:15
:30	:30
:45	:45
2	**2**
:15	:15
:30	:30
:45	:45
3	**3**
:15	:15
:30	:30
:45	:45
4	**4**
:15	:15
:30	:30
:45	:45
5	**5**
:15	:15
:30	:30
:45	:45
6	**6**
:15	:15
:30	:30
:45	:45
7	**7**
:15	:15
:30	:30
:45	:45
8	**8**
:15	:15
:30	:30
:45	:45

January 25 (Saturday)

7	**7**
:15	:15
:30	:30
:45	:45
8	**8**
:15	:15
:30	:30
:45	:45
9	**9**
:15	:15
:30	:30
:45	:45
10	**10**
:15	:15
:30	:30
:45	:45
11	**11**
:15	:15
:30	:30
:45	:45
12	**12**
:15	:15
:30	:30
:45	:45
1	**1**
:15	:15
:30	:30
:45	:45
2	**2**
:15	:15
:30	:30
:45	:45
3	**3**
:15	:15
:30	:30
:45	:45
4	**4**
:15	:15
:30	:30
:45	:45
5	**5**
:15	:15
:30	:30
:45	:45
6	**6**
:15	:15
:30	:30
:45	:45
7	**7**
:15	:15
:30	:30
:45	:45
8	**8**
:15	:15
:30	:30
:45	:45

7	**7**
:15	:15
:30	:30
:45	:45
8	**8**
:15	:15
:30	:30
:45	:45
9	**9**
:15	:15
:30	:30
:45	:45
10	**10**
:15	:15
:30	:30
:45	:45
11	**11**
:15	:15
:30	:30
:45	:45
12	**12**
:15	:15
:30	:30
:45	:45
1	**1**
:15	:15
:30	:30
:45	:45
2	**2**
:15	:15
:30	:30
:45	:45
3	**3**
:15	:15
:30	:30
:45	:45
4	**4**
:15	:15
:30	:30
:45	:45
5	**5**
:15	:15
:30	:30
:45	:45
6	**6**
:15	:15
:30	:30
:45	:45
7	**7**
:15	:15
:30	:30
:45	:45
8	**8**
:15	:15
:30	:30
:45	:45

January 27 (Monday)

7	**7**
:15	:15
:30	:30
:45	:45
8	**8**
:15	:15
:30	:30
:45	:45
9	**9**
:15	:15
:30	:30
:45	:45
10	**10**
:15	:15
:30	:30
:45	:45
11	**11**
:15	:15
:30	:30
:45	:45
12	**12**
:15	:15
:30	:30
:45	:45
1	**1**
:15	:15
:30	:30
:45	:45
2	**2**
:15	:15
:30	:30
:45	:45
3	**3**
:15	:15
:30	:30
:45	:45
4	**4**
:15	:15
:30	:30
:45	:45
5	**5**
:15	:15
:30	:30
:45	:45
6	**6**
:15	:15
:30	:30
:45	:45
7	**7**
:15	:15
:30	:30
:45	:45
8	**8**
:15	:15
:30	:30
:45	:45

7	**7**
:15	:15
:30	:30
:45	:45
8	**8**
:15	:15
:30	:30
:45	:45
9	**9**
:15	:15
:30	:30
:45	:45
10	**10**
:15	:15
:30	:30
:45	:45
11	**11**
:15	:15
:30	:30
:45	:45
12	**12**
:15	:15
:30	:30
:45	:45
1	**1**
:15	:15
:30	:30
:45	:45
2	**2**
:15	:15
:30	:30
:45	:45
3	**3**
:15	:15
:30	:30
:45	:45
4	**4**
:15	:15
:30	:30
:45	:45
5	**5**
:15	:15
:30	:30
:45	:45
6	**6**
:15	:15
:30	:30
:45	:45
7	**7**
:15	:15
:30	:30
:45	:45
8	**8**
:15	:15
:30	:30
:45	:45

January 29 (Wednesday)

7	**7**
:15	:15
:30	:30
:45	:45
8	**8**
:15	:15
:30	:30
:45	:45
9	**9**
:15	:15
:30	:30
:45	:45
10	**10**
:15	:15
:30	:30
:45	:45
11	**11**
:15	:15
:30	:30
:45	:45
12	**12**
:15	:15
:30	:30
:45	:45
1	**1**
:15	:15
:30	:30
:45	:45
2	**2**
:15	:15
:30	:30
:45	:45
3	**3**
:15	:15
:30	:30
:45	:45
4	**4**
:15	:15
:30	:30
:45	:45
5	**5**
:15	:15
:30	:30
:45	:45
6	**6**
:15	:15
:30	:30
:45	:45
7	**7**
:15	:15
:30	:30
:45	:45
8	**8**
:15	:15
:30	:30
:45	:45

7	**7**
:15	:15
:30	:30
:45	:45
8	**8**
:15	:15
:30	:30
:45	:45
9	**9**
:15	:15
:30	:30
:45	:45
10	**10**
:15	:15
:30	:30
:45	:45
11	**11**
:15	:15
:30	:30
:45	:45
12	**12**
:15	:15
:30	:30
:45	:45
1	**1**
:15	:15
:30	:30
:45	:45
2	**2**
:15	:15
:30	:30
:45	:45
3	**3**
:15	:15
:30	:30
:45	:45
4	**4**
:15	:15
:30	:30
:45	:45
5	**5**
:15	:15
:30	:30
:45	:45
6	**6**
:15	:15
:30	:30
:45	:45
7	**7**
:15	:15
:30	:30
:45	:45
8	**8**
:15	:15
:30	:30
:45	:45

January 31 (Friday)

7	**7**
:15	:15
:30	:30
:45	:45
8	**8**
:15	:15
:30	:30
:45	:45
9	**9**
:15	:15
:30	:30
:45	:45
10	**10**
:15	:15
:30	:30
:45	:45
11	**11**
:15	:15
:30	:30
:45	:45
12	**12**
:15	:15
:30	:30
:45	:45
1	**1**
:15	:15
:30	:30
:45	:45
2	**2**
:15	:15
:30	:30
:45	:45
3	**3**
:15	:15
:30	:30
:45	:45
4	**4**
:15	:15
:30	:30
:45	:45
5	**5**
:15	:15
:30	:30
:45	:45
6	**6**
:15	:15
:30	:30
:45	:45
7	**7**
:15	:15
:30	:30
:45	:45
8	**8**
:15	:15
:30	:30
:45	:45

7	**7**
:15	:15
:30	:30
:45	:45
8	**8**
:15	:15
:30	:30
:45	:45
9	**9**
:15	:15
:30	:30
:45	:45
10	**10**
:15	:15
:30	:30
:45	:45
11	**11**
:15	:15
:30	:30
:45	:45
12	**12**
:15	:15
:30	:30
:45	:45
1	**1**
:15	:15
:30	:30
:45	:45
2	**2**
:15	:15
:30	:30
:45	:45
3	**3**
:15	:15
:30	:30
:45	:45
4	**4**
:15	:15
:30	:30
:45	:45
5	**5**
:15	:15
:30	:30
:45	:45
6	**6**
:15	:15
:30	:30
:45	:45
7	**7**
:15	:15
:30	:30
:45	:45
8	**8**
:15	:15
:30	:30
:45	:45

February 2 (Sunday)

7	**7**
:15	:15
:30	:30
:45	:45
8	**8**
:15	:15
:30	:30
:45	:45
9	**9**
:15	:15
:30	:30
:45	:45
10	**10**
:15	:15
:30	:30
:45	:45
11	**11**
:15	:15
:30	:30
:45	:45
12	**12**
:15	:15
:30	:30
:45	:45
1	**1**
:15	:15
:30	:30
:45	:45
2	**2**
:15	:15
:30	:30
:45	:45
3	**3**
:15	:15
:30	:30
:45	:45
4	**4**
:15	:15
:30	:30
:45	:45
5	**5**
:15	:15
:30	:30
:45	:45
6	**6**
:15	:15
:30	:30
:45	:45
7	**7**
:15	:15
:30	:30
:45	:45
8	**8**
:15	:15
:30	:30
:45	:45

7	**7**
:15	:15
:30	:30
:45	:45
8	**8**
:15	:15
:30	:30
:45	:45
9	**9**
:15	:15
:30	:30
:45	:45
10	**10**
:15	:15
:30	:30
:45	:45
11	**11**
:15	:15
:30	:30
:45	:45
12	**12**
:15	:15
:30	:30
:45	:45
1	**1**
:15	:15
:30	:30
:45	:45
2	**2**
:15	:15
:30	:30
:45	:45
3	**3**
:15	:15
:30	:30
:45	:45
4	**4**
:15	:15
:30	:30
:45	:45
5	**5**
:15	:15
:30	:30
:45	:45
6	**6**
:15	:15
:30	:30
:45	:45
7	**7**
:15	:15
:30	:30
:45	:45
8	**8**
:15	:15
:30	:30
:45	:45

February 4 (Tuesday)

7	**7**
:15	:15
:30	:30
:45	:45
8	**8**
:15	:15
:30	:30
:45	:45
9	**9**
:15	:15
:30	:30
:45	:45
10	**10**
:15	:15
:30	:30
:45	:45
11	**11**
:15	:15
:30	:30
:45	:45
12	**12**
:15	:15
:30	:30
:45	:45
1	**1**
:15	:15
:30	:30
:45	:45
2	**2**
:15	:15
:30	:30
:45	:45
3	**3**
:15	:15
:30	:30
:45	:45
4	**4**
:15	:15
:30	:30
:45	:45
5	**5**
:15	:15
:30	:30
:45	:45
6	**6**
:15	:15
:30	:30
:45	:45
7	**7**
:15	:15
:30	:30
:45	:45
8	**8**
:15	:15
:30	:30
:45	:45

7	**7**
:15	:15
:30	:30
:45	:45
8	**8**
:15	:15
:30	:30
:45	:45
9	**9**
:15	:15
:30	:30
:45	:45
10	**10**
:15	:15
:30	:30
:45	:45
11	**11**
:15	:15
:30	:30
:45	:45
12	**12**
:15	:15
:30	:30
:45	:45
1	**1**
:15	:15
:30	:30
:45	:45
2	**2**
:15	:15
:30	:30
:45	:45
3	**3**
:15	:15
:30	:30
:45	:45
4	**4**
:15	:15
:30	:30
:45	:45
5	**5**
:15	:15
:30	:30
:45	:45
6	**6**
:15	:15
:30	:30
:45	:45
7	**7**
:15	:15
:30	:30
:45	:45
8	**8**
:15	:15
:30	:30
:45	:45

February 6 (Thursday)

7	**7**
:15	:15
:30	:30
:45	:45
8	**8**
:15	:15
:30	:30
:45	:45
9	**9**
:15	:15
:30	:30
:45	:45
10	**10**
:15	:15
:30	:30
:45	:45
11	**11**
:15	:15
:30	:30
:45	:45
12	**12**
:15	:15
:30	:30
:45	:45
1	**1**
:15	:15
:30	:30
:45	:45
2	**2**
:15	:15
:30	:30
:45	:45
3	**3**
:15	:15
:30	:30
:45	:45
4	**4**
:15	:15
:30	:30
:45	:45
5	**5**
:15	:15
:30	:30
:45	:45
6	**6**
:15	:15
:30	:30
:45	:45
7	**7**
:15	:15
:30	:30
:45	:45
8	**8**
:15	:15
:30	:30
:45	:45

7	**7**
:15	:15
:30	:30
:45	:45
8	**8**
:15	:15
:30	:30
:45	:45
9	**9**
:15	:15
:30	:30
:45	:45
10	**10**
:15	:15
:30	:30
:45	:45
11	**11**
:15	:15
:30	:30
:45	:45
12	**12**
:15	:15
:30	:30
:45	:45
1	**1**
:15	:15
:30	:30
:45	:45
2	**2**
:15	:15
:30	:30
:45	:45
3	**3**
:15	:15
:30	:30
:45	:45
4	**4**
:15	:15
:30	:30
:45	:45
5	**5**
:15	:15
:30	:30
:45	:45
6	**6**
:15	:15
:30	:30
:45	:45
7	**7**
:15	:15
:30	:30
:45	:45
8	**8**
:15	:15
:30	:30
:45	:45

February 8 (Saturday)

7	**7**
:15	:15
:30	:30
:45	:45
8	**8**
:15	:15
:30	:30
:45	:45
9	**9**
:15	:15
:30	:30
:45	:45
10	**10**
:15	:15
:30	:30
:45	:45
11	**11**
:15	:15
:30	:30
:45	:45
12	**12**
:15	:15
:30	:30
:45	:45
1	**1**
:15	:15
:30	:30
:45	:45
2	**2**
:15	:15
:30	:30
:45	:45
3	**3**
:15	:15
:30	:30
:45	:45
4	**4**
:15	:15
:30	:30
:45	:45
5	**5**
:15	:15
:30	:30
:45	:45
6	**6**
:15	:15
:30	:30
:45	:45
7	**7**
:15	:15
:30	:30
:45	:45
8	**8**
:15	:15
:30	:30
:45	:45

7	**7**
:15	:15
:30	:30
:45	:45
8	**8**
:15	:15
:30	:30
:45	:45
9	**9**
:15	:15
:30	:30
:45	:45
10	**10**
:15	:15
:30	:30
:45	:45
11	**11**
:15	:15
:30	:30
:45	:45
12	**12**
:15	:15
:30	:30
:45	:45
1	**1**
:15	:15
:30	:30
:45	:45
2	**2**
:15	:15
:30	:30
:45	:45
3	**3**
:15	:15
:30	:30
:45	:45
4	**4**
:15	:15
:30	:30
:45	:45
5	**5**
:15	:15
:30	:30
:45	:45
6	**6**
:15	:15
:30	:30
:45	:45
7	**7**
:15	:15
:30	:30
:45	:45
8	**8**
:15	:15
:30	:30
:45	:45

February 10 (Monday)

7	**7**
:15	:15
:30	:30
:45	:45
8	**8**
:15	:15
:30	:30
:45	:45
9	**9**
:15	:15
:30	:30
:45	:45
10	**10**
:15	:15
:30	:30
:45	:45
11	**11**
:15	:15
:30	:30
:45	:45
12	**12**
:15	:15
:30	:30
:45	:45
1	**1**
:15	:15
:30	:30
:45	:45
2	**2**
:15	:15
:30	:30
:45	:45
3	**3**
:15	:15
:30	:30
:45	:45
4	**4**
:15	:15
:30	:30
:45	:45
5	**5**
:15	:15
:30	:30
:45	:45
6	**6**
:15	:15
:30	:30
:45	:45
7	**7**
:15	:15
:30	:30
:45	:45
8	**8**
:15	:15
:30	:30
:45	:45

7	**7**
:15	:15
:30	:30
:45	:45
8	**8**
:15	:15
:30	:30
:45	:45
9	**9**
:15	:15
:30	:30
:45	:45
10	**10**
:15	:15
:30	:30
:45	:45
11	**11**
:15	:15
:30	:30
:45	:45
12	**12**
:15	:15
:30	:30
:45	:45
1	**1**
:15	:15
:30	:30
:45	:45
2	**2**
:15	:15
:30	:30
:45	:45
3	**3**
:15	:15
:30	:30
:45	:45
4	**4**
:15	:15
:30	:30
:45	:45
5	**5**
:15	:15
:30	:30
:45	:45
6	**6**
:15	:15
:30	:30
:45	:45
7	**7**
:15	:15
:30	:30
:45	:45
8	**8**
:15	:15
:30	:30
:45	:45

February 12 (Wednesday)

7	**7**
:15	:15
:30	:30
:45	:45
8	**8**
:15	:15
:30	:30
:45	:45
9	**9**
:15	:15
:30	:30
:45	:45
10	**10**
:15	:15
:30	:30
:45	:45
11	**11**
:15	:15
:30	:30
:45	:45
12	**12**
:15	:15
:30	:30
:45	:45
1	**1**
:15	:15
:30	:30
:45	:45
2	**2**
:15	:15
:30	:30
:45	:45
3	**3**
:15	:15
:30	:30
:45	:45
4	**4**
:15	:15
:30	:30
:45	:45
5	**5**
:15	:15
:30	:30
:45	:45
6	**6**
:15	:15
:30	:30
:45	:45
7	**7**
:15	:15
:30	:30
:45	:45
8	**8**
:15	:15
:30	:30
:45	:45

7	**7**
:15	:15
:30	:30
:45	:45
8	**8**
:15	:15
:30	:30
:45	:45
9	**9**
:15	:15
:30	:30
:45	:45
10	**10**
:15	:15
:30	:30
:45	:45
11	**11**
:15	:15
:30	:30
:45	:45
12	**12**
:15	:15
:30	:30
:45	:45
1	**1**
:15	:15
:30	:30
:45	:45
2	**2**
:15	:15
:30	:30
:45	:45
3	**3**
:15	:15
:30	:30
:45	:45
4	**4**
:15	:15
:30	:30
:45	:45
5	**5**
:15	:15
:30	:30
:45	:45
6	**6**
:15	:15
:30	:30
:45	:45
7	**7**
:15	:15
:30	:30
:45	:45
8	**8**
:15	:15
:30	:30
:45	:45

February 14 (Friday)

7	**7**
:15	:15
:30	:30
:45	:45
8	**8**
:15	:15
:30	:30
:45	:45
9	**9**
:15	:15
:30	:30
:45	:45
10	**10**
:15	:15
:30	:30
:45	:45
11	**11**
:15	:15
:30	:30
:45	:45
12	**12**
:15	:15
:30	:30
:45	:45
1	**1**
:15	:15
:30	:30
:45	:45
2	**2**
:15	:15
:30	:30
:45	:45
3	**3**
:15	:15
:30	:30
:45	:45
4	**4**
:15	:15
:30	:30
:45	:45
5	**5**
:15	:15
:30	:30
:45	:45
6	**6**
:15	:15
:30	:30
:45	:45
7	**7**
:15	:15
:30	:30
:45	:45
8	**8**
:15	:15
:30	:30
:45	:45

February 15 (Saturday)

7	**7**
:15	:15
:30	:30
:45	:45
8	**8**
:15	:15
:30	:30
:45	:45
9	**9**
:15	:15
:30	:30
:45	:45
10	**10**
:15	:15
:30	:30
:45	:45
11	**11**
:15	:15
:30	:30
:45	:45
12	**12**
:15	:15
:30	:30
:45	:45
1	**1**
:15	:15
:30	:30
:45	:45
2	**2**
:15	:15
:30	:30
:45	:45
3	**3**
:15	:15
:30	:30
:45	:45
4	**4**
:15	:15
:30	:30
:45	:45
5	**5**
:15	:15
:30	:30
:45	:45
6	**6**
:15	:15
:30	:30
:45	:45
7	**7**
:15	:15
:30	:30
:45	:45
8	**8**
:15	:15
:30	:30
:45	:45

February 16 (Sunday)

7	**7**
:15	:15
:30	:30
:45	:45
8	**8**
:15	:15
:30	:30
:45	:45
9	**9**
:15	:15
:30	:30
:45	:45
10	**10**
:15	:15
:30	:30
:45	:45
11	**11**
:15	:15
:30	:30
:45	:45
12	**12**
:15	:15
:30	:30
:45	:45
1	**1**
:15	:15
:30	:30
:45	:45
2	**2**
:15	:15
:30	:30
:45	:45
3	**3**
:15	:15
:30	:30
:45	:45
4	**4**
:15	:15
:30	:30
:45	:45
5	**5**
:15	:15
:30	:30
:45	:45
6	**6**
:15	:15
:30	:30
:45	:45
7	**7**
:15	:15
:30	:30
:45	:45
8	**8**
:15	:15
:30	:30
:45	:45

Presidents Day

7	**7**
:15	:15
:30	:30
:45	:45
8	**8**
:15	:15
:30	:30
:45	:45
9	**9**
:15	:15
:30	:30
:45	:45
10	**10**
:15	:15
:30	:30
:45	:45
11	**11**
:15	:15
:30	:30
:45	:45
12	**12**
:15	:15
:30	:30
:45	:45
1	**1**
:15	:15
:30	:30
:45	:45
2	**2**
:15	:15
:30	:30
:45	:45
3	**3**
:15	:15
:30	:30
:45	:45
4	**4**
:15	:15
:30	:30
:45	:45
5	**5**
:15	:15
:30	:30
:45	:45
6	**6**
:15	:15
:30	:30
:45	:45
7	**7**
:15	:15
:30	:30
:45	:45
8	**8**
:15	:15
:30	:30
:45	:45

February 18 (Tuesday)

7	**7**
:15	:15
:30	:30
:45	:45
8	**8**
:15	:15
:30	:30
:45	:45
9	**9**
:15	:15
:30	:30
:45	:45
10	**10**
:15	:15
:30	:30
:45	:45
11	**11**
:15	:15
:30	:30
:45	:45
12	**12**
:15	:15
:30	:30
:45	:45
1	**1**
:15	:15
:30	:30
:45	:45
2	**2**
:15	:15
:30	:30
:45	:45
3	**3**
:15	:15
:30	:30
:45	:45
4	**4**
:15	:15
:30	:30
:45	:45
5	**5**
:15	:15
:30	:30
:45	:45
6	**6**
:15	:15
:30	:30
:45	:45
7	**7**
:15	:15
:30	:30
:45	:45
8	**8**
:15	:15
:30	:30
:45	:45

7	**7**
:15	:15
:30	:30
:45	:45
8	**8**
:15	:15
:30	:30
:45	:45
9	**9**
:15	:15
:30	:30
:45	:45
10	**10**
:15	:15
:30	:30
:45	:45
11	**11**
:15	:15
:30	:30
:45	:45
12	**12**
:15	:15
:30	:30
:45	:45
1	**1**
:15	:15
:30	:30
:45	:45
2	**2**
:15	:15
:30	:30
:45	:45
3	**3**
:15	:15
:30	:30
:45	:45
4	**4**
:15	:15
:30	:30
:45	:45
5	**5**
:15	:15
:30	:30
:45	:45
6	**6**
:15	:15
:30	:30
:45	:45
7	**7**
:15	:15
:30	:30
:45	:45
8	**8**
:15	:15
:30	:30
:45	:45

February 20 (Thursday)

7	**7**
:15	:15
:30	:30
:45	:45
8	**8**
:15	:15
:30	:30
:45	:45
9	**9**
:15	:15
:30	:30
:45	:45
10	**10**
:15	:15
:30	:30
:45	:45
11	**11**
:15	:15
:30	:30
:45	:45
12	**12**
:15	:15
:30	:30
:45	:45
1	**1**
:15	:15
:30	:30
:45	:45
2	**2**
:15	:15
:30	:30
:45	:45
3	**3**
:15	:15
:30	:30
:45	:45
4	**4**
:15	:15
:30	:30
:45	:45
5	**5**
:15	:15
:30	:30
:45	:45
6	**6**
:15	:15
:30	:30
:45	:45
7	**7**
:15	:15
:30	:30
:45	:45
8	**8**
:15	:15
:30	:30
:45	:45

7	**7**
:15	:15
:30	:30
:45	:45
8	**8**
:15	:15
:30	:30
:45	:45
9	**9**
:15	:15
:30	:30
:45	:45
10	**10**
:15	:15
:30	:30
:45	:45
11	**11**
:15	:15
:30	:30
:45	:45
12	**12**
:15	:15
:30	:30
:45	:45
1	**1**
:15	:15
:30	:30
:45	:45
2	**2**
:15	:15
:30	:30
:45	:45
3	**3**
:15	:15
:30	:30
:45	:45
4	**4**
:15	:15
:30	:30
:45	:45
5	**5**
:15	:15
:30	:30
:45	:45
6	**6**
:15	:15
:30	:30
:45	:45
7	**7**
:15	:15
:30	:30
:45	:45
8	**8**
:15	:15
:30	:30
:45	:45

February 22 (Saturday)

7	**7**
:15	:15
:30	:30
:45	:45
8	**8**
:15	:15
:30	:30
:45	:45
9	**9**
:15	:15
:30	:30
:45	:45
10	**10**
:15	:15
:30	:30
:45	:45
11	**11**
:15	:15
:30	:30
:45	:45
12	**12**
:15	:15
:30	:30
:45	:45
1	**1**
:15	:15
:30	:30
:45	:45
2	**2**
:15	:15
:30	:30
:45	:45
3	**3**
:15	:15
:30	:30
:45	:45
4	**4**
:15	:15
:30	:30
:45	:45
5	**5**
:15	:15
:30	:30
:45	:45
6	**6**
:15	:15
:30	:30
:45	:45
7	**7**
:15	:15
:30	:30
:45	:45
8	**8**
:15	:15
:30	:30
:45	:45

7	**7**
:15	:15
:30	:30
:45	:45
8	**8**
:15	:15
:30	:30
:45	:45
9	**9**
:15	:15
:30	:30
:45	:45
10	**10**
:15	:15
:30	:30
:45	:45
11	**11**
:15	:15
:30	:30
:45	:45
12	**12**
:15	:15
:30	:30
:45	:45
1	**1**
:15	:15
:30	:30
:45	:45
2	**2**
:15	:15
:30	:30
:45	:45
3	**3**
:15	:15
:30	:30
:45	:45
4	**4**
:15	:15
:30	:30
:45	:45
5	**5**
:15	:15
:30	:30
:45	:45
6	**6**
:15	:15
:30	:30
:45	:45
7	**7**
:15	:15
:30	:30
:45	:45
8	**8**
:15	:15
:30	:30
:45	:45

7	**7**
:15	:15
:30	:30
:45	:45
8	**8**
:15	:15
:30	:30
:45	:45
9	**9**
:15	:15
:30	:30
:45	:45
10	**10**
:15	:15
:30	:30
:45	:45
11	**11**
:15	:15
:30	:30
:45	:45
12	**12**
:15	:15
:30	:30
:45	:45
1	**1**
:15	:15
:30	:30
:45	:45
2	**2**
:15	:15
:30	:30
:45	:45
3	**3**
:15	:15
:30	:30
:45	:45
4	**4**
:15	:15
:30	:30
:45	:45
5	**5**
:15	:15
:30	:30
:45	:45
6	**6**
:15	:15
:30	:30
:45	:45
7	**7**
:15	:15
:30	:30
:45	:45
8	**8**
:15	:15
:30	:30
:45	:45

7	**7**
:15	:15
:30	:30
:45	:45
8	**8**
:15	:15
:30	:30
:45	:45
9	**9**
:15	:15
:30	:30
:45	:45
10	**10**
:15	:15
:30	:30
:45	:45
11	**11**
:15	:15
:30	:30
:45	:45
12	**12**
:15	:15
:30	:30
:45	:45
1	**1**
:15	:15
:30	:30
:45	:45
2	**2**
:15	:15
:30	:30
:45	:45
3	**3**
:15	:15
:30	:30
:45	:45
4	**4**
:15	:15
:30	:30
:45	:45
5	**5**
:15	:15
:30	:30
:45	:45
6	**6**
:15	:15
:30	:30
:45	:45
7	**7**
:15	:15
:30	:30
:45	:45
8	**8**
:15	:15
:30	:30
:45	:45

February 26 (Wednesday)

7	**7**
:15	:15
:30	:30
:45	:45
8	**8**
:15	:15
:30	:30
:45	:45
9	**9**
:15	:15
:30	:30
:45	:45
10	**10**
:15	:15
:30	:30
:45	:45
11	**11**
:15	:15
:30	:30
:45	:45
12	**12**
:15	:15
:30	:30
:45	:45
1	**1**
:15	:15
:30	:30
:45	:45
2	**2**
:15	:15
:30	:30
:45	:45
3	**3**
:15	:15
:30	:30
:45	:45
4	**4**
:15	:15
:30	:30
:45	:45
5	**5**
:15	:15
:30	:30
:45	:45
6	**6**
:15	:15
:30	:30
:45	:45
7	**7**
:15	:15
:30	:30
:45	:45
8	**8**
:15	:15
:30	:30
:45	:45

February 27 (Thursday)

7	**7**
:15	:15
:30	:30
:45	:45
8	**8**
:15	:15
:30	:30
:45	:45
9	**9**
:15	:15
:30	:30
:45	:45
10	**10**
:15	:15
:30	:30
:45	:45
11	**11**
:15	:15
:30	:30
:45	:45
12	**12**
:15	:15
:30	:30
:45	:45
1	**1**
:15	:15
:30	:30
:45	:45
2	**2**
:15	:15
:30	:30
:45	:45
3	**3**
:15	:15
:30	:30
:45	:45
4	**4**
:15	:15
:30	:30
:45	:45
5	**5**
:15	:15
:30	:30
:45	:45
6	**6**
:15	:15
:30	:30
:45	:45
7	**7**
:15	:15
:30	:30
:45	:45
8	**8**
:15	:15
:30	:30
:45	:45

February 28 (Friday)

7	**7**
:15	:15
:30	:30
:45	:45
8	**8**
:15	:15
:30	:30
:45	:45
9	**9**
:15	:15
:30	:30
:45	:45
10	**10**
:15	:15
:30	:30
:45	:45
11	**11**
:15	:15
:30	:30
:45	:45
12	**12**
:15	:15
:30	:30
:45	:45
1	**1**
:15	:15
:30	:30
:45	:45
2	**2**
:15	:15
:30	:30
:45	:45
3	**3**
:15	:15
:30	:30
:45	:45
4	**4**
:15	:15
:30	:30
:45	:45
5	**5**
:15	:15
:30	:30
:45	:45
6	**6**
:15	:15
:30	:30
:45	:45
7	**7**
:15	:15
:30	:30
:45	:45
8	**8**
:15	:15
:30	:30
:45	:45

7	**7**
:15	:15
:30	:30
:45	:45
8	**8**
:15	:15
:30	:30
:45	:45
9	**9**
:15	:15
:30	:30
:45	:45
10	**10**
:15	:15
:30	:30
:45	:45
11	**11**
:15	:15
:30	:30
:45	:45
12	**12**
:15	:15
:30	:30
:45	:45
1	**1**
:15	:15
:30	:30
:45	:45
2	**2**
:15	:15
:30	:30
:45	:45
3	**3**
:15	:15
:30	:30
:45	:45
4	**4**
:15	:15
:30	:30
:45	:45
5	**5**
:15	:15
:30	:30
:45	:45
6	**6**
:15	:15
:30	:30
:45	:45
7	**7**
:15	:15
:30	:30
:45	:45
8	**8**
:15	:15
:30	:30
:45	:45

March 1 (Sunday)

7	**7**
:15	:15
:30	:30
:45	:45
8	**8**
:15	:15
:30	:30
:45	:45
9	**9**
:15	:15
:30	:30
:45	:45
10	**10**
:15	:15
:30	:30
:45	:45
11	**11**
:15	:15
:30	:30
:45	:45
12	**12**
:15	:15
:30	:30
:45	:45
1	**1**
:15	:15
:30	:30
:45	:45
2	**2**
:15	:15
:30	:30
:45	:45
3	**3**
:15	:15
:30	:30
:45	:45
4	**4**
:15	:15
:30	:30
:45	:45
5	**5**
:15	:15
:30	:30
:45	:45
6	**6**
:15	:15
:30	:30
:45	:45
7	**7**
:15	:15
:30	:30
:45	:45
8	**8**
:15	:15
:30	:30
:45	:45

March 2 (Monday)

7	**7**
:15	:15
:30	:30
:45	:45
8	**8**
:15	:15
:30	:30
:45	:45
9	**9**
:15	:15
:30	:30
:45	:45
10	**10**
:15	:15
:30	:30
:45	:45
11	**11**
:15	:15
:30	:30
:45	:45
12	**12**
:15	:15
:30	:30
:45	:45
1	**1**
:15	:15
:30	:30
:45	:45
2	**2**
:15	:15
:30	:30
:45	:45
3	**3**
:15	:15
:30	:30
:45	:45
4	**4**
:15	:15
:30	:30
:45	:45
5	**5**
:15	:15
:30	:30
:45	:45
6	**6**
:15	:15
:30	:30
:45	:45
7	**7**
:15	:15
:30	:30
:45	:45
8	**8**
:15	:15
:30	:30
:45	:45

March 3 (Tuesday)

7	**7**
:15	:15
:30	:30
:45	:45
8	**8**
:15	:15
:30	:30
:45	:45
9	**9**
:15	:15
:30	:30
:45	:45
10	**10**
:15	:15
:30	:30
:45	:45
11	**11**
:15	:15
:30	:30
:45	:45
12	**12**
:15	:15
:30	:30
:45	:45
1	**1**
:15	:15
:30	:30
:45	:45
2	**2**
:15	:15
:30	:30
:45	:45
3	**3**
:15	:15
:30	:30
:45	:45
4	**4**
:15	:15
:30	:30
:45	:45
5	**5**
:15	:15
:30	:30
:45	:45
6	**6**
:15	:15
:30	:30
:45	:45
7	**7**
:15	:15
:30	:30
:45	:45
8	**8**
:15	:15
:30	:30
:45	:45

March 4 (Wednesday)

7	**7**
:15	:15
:30	:30
:45	:45
8	**8**
:15	:15
:30	:30
:45	:45
9	**9**
:15	:15
:30	:30
:45	:45
10	**10**
:15	:15
:30	:30
:45	:45
11	**11**
:15	:15
:30	:30
:45	:45
12	**12**
:15	:15
:30	:30
:45	:45
1	**1**
:15	:15
:30	:30
:45	:45
2	**2**
:15	:15
:30	:30
:45	:45
3	**3**
:15	:15
:30	:30
:45	:45
4	**4**
:15	:15
:30	:30
:45	:45
5	**5**
:15	:15
:30	:30
:45	:45
6	**6**
:15	:15
:30	:30
:45	:45
7	**7**
:15	:15
:30	:30
:45	:45
8	**8**
:15	:15
:30	:30
:45	:45

March 5 (Thursday)

7	**7**
:15	:15
:30	:30
:45	:45
8	**8**
:15	:15
:30	:30
:45	:45
9	**9**
:15	:15
:30	:30
:45	:45
10	**10**
:15	:15
:30	:30
:45	:45
11	**11**
:15	:15
:30	:30
:45	:45
12	**12**
:15	:15
:30	:30
:45	:45
1	**1**
:15	:15
:30	:30
:45	:45
2	**2**
:15	:15
:30	:30
:45	:45
3	**3**
:15	:15
:30	:30
:45	:45
4	**4**
:15	:15
:30	:30
:45	:45
5	**5**
:15	:15
:30	:30
:45	:45
6	**6**
:15	:15
:30	:30
:45	:45
7	**7**
:15	:15
:30	:30
:45	:45
8	**8**
:15	:15
:30	:30
:45	:45

7	**7**
:15	:15
:30	:30
:45	:45
8	**8**
:15	:15
:30	:30
:45	:45
9	**9**
:15	:15
:30	:30
:45	:45
10	**10**
:15	:15
:30	:30
:45	:45
11	**11**
:15	:15
:30	:30
:45	:45
12	**12**
:15	:15
:30	:30
:45	:45
1	**1**
:15	:15
:30	:30
:45	:45
2	**2**
:15	:15
:30	:30
:45	:45
3	**3**
:15	:15
:30	:30
:45	:45
4	**4**
:15	:15
:30	:30
:45	:45
5	**5**
:15	:15
:30	:30
:45	:45
6	**6**
:15	:15
:30	:30
:45	:45
7	**7**
:15	:15
:30	:30
:45	:45
8	**8**
:15	:15
:30	:30
:45	:45

March 7 (Saturday)

7	**7**
:15	:15
:30	:30
:45	:45
8	**8**
:15	:15
:30	:30
:45	:45
9	**9**
:15	:15
:30	:30
:45	:45
10	**10**
:15	:15
:30	:30
:45	:45
11	**11**
:15	:15
:30	:30
:45	:45
12	**12**
:15	:15
:30	:30
:45	:45
1	**1**
:15	:15
:30	:30
:45	:45
2	**2**
:15	:15
:30	:30
:45	:45
3	**3**
:15	:15
:30	:30
:45	:45
4	**4**
:15	:15
:30	:30
:45	:45
5	**5**
:15	:15
:30	:30
:45	:45
6	**6**
:15	:15
:30	:30
:45	:45
7	**7**
:15	:15
:30	:30
:45	:45
8	**8**
:15	:15
:30	:30
:45	:45

7	**7**
:15	:15
:30	:30
:45	:45
8	**8**
:15	:15
:30	:30
:45	:45
9	**9**
:15	:15
:30	:30
:45	:45
10	**10**
:15	:15
:30	:30
:45	:45
11	**11**
:15	:15
:30	:30
:45	:45
12	**12**
:15	:15
:30	:30
:45	:45
1	**1**
:15	:15
:30	:30
:45	:45
2	**2**
:15	:15
:30	:30
:45	:45
3	**3**
:15	:15
:30	:30
:45	:45
4	**4**
:15	:15
:30	:30
:45	:45
5	**5**
:15	:15
:30	:30
:45	:45
6	**6**
:15	:15
:30	:30
:45	:45
7	**7**
:15	:15
:30	:30
:45	:45
8	**8**
:15	:15
:30	:30
:45	:45

March 9 (Monday)

7	**7**
:15	:15
:30	:30
:45	:45
8	**8**
:15	:15
:30	:30
:45	:45
9	**9**
:15	:15
:30	:30
:45	:45
10	**10**
:15	:15
:30	:30
:45	:45
11	**11**
:15	:15
:30	:30
:45	:45
12	**12**
:15	:15
:30	:30
:45	:45
1	**1**
:15	:15
:30	:30
:45	:45
2	**2**
:15	:15
:30	:30
:45	:45
3	**3**
:15	:15
:30	:30
:45	:45
4	**4**
:15	:15
:30	:30
:45	:45
5	**5**
:15	:15
:30	:30
:45	:45
6	**6**
:15	:15
:30	:30
:45	:45
7	**7**
:15	:15
:30	:30
:45	:45
8	**8**
:15	:15
:30	:30
:45	:45

7	**7**
:15	:15
:30	:30
:45	:45
8	**8**
:15	:15
:30	:30
:45	:45
9	**9**
:15	:15
:30	:30
:45	:45
10	**10**
:15	:15
:30	:30
:45	:45
11	**11**
:15	:15
:30	:30
:45	:45
12	**12**
:15	:15
:30	:30
:45	:45
1	**1**
:15	:15
:30	:30
:45	:45
2	**2**
:15	:15
:30	:30
:45	:45
3	**3**
:15	:15
:30	:30
:45	:45
4	**4**
:15	:15
:30	:30
:45	:45
5	**5**
:15	:15
:30	:30
:45	:45
6	**6**
:15	:15
:30	:30
:45	:45
7	**7**
:15	:15
:30	:30
:45	:45
8	**8**
:15	:15
:30	:30
:45	:45

March 11 (Wednesday)

7	**7**
:15	:15
:30	:30
:45	:45
8	**8**
:15	:15
:30	:30
:45	:45
9	**9**
:15	:15
:30	:30
:45	:45
10	**10**
:15	:15
:30	:30
:45	:45
11	**11**
:15	:15
:30	:30
:45	:45
12	**12**
:15	:15
:30	:30
:45	:45
1	**1**
:15	:15
:30	:30
:45	:45
2	**2**
:15	:15
:30	:30
:45	:45
3	**3**
:15	:15
:30	:30
:45	:45
4	**4**
:15	:15
:30	:30
:45	:45
5	**5**
:15	:15
:30	:30
:45	:45
6	**6**
:15	:15
:30	:30
:45	:45
7	**7**
:15	:15
:30	:30
:45	:45
8	**8**
:15	:15
:30	:30
:45	:45

7	**7**
:15	:15
:30	:30
:45	:45
8	**8**
:15	:15
:30	:30
:45	:45
9	**9**
:15	:15
:30	:30
:45	:45
10	**10**
:15	:15
:30	:30
:45	:45
11	**11**
:15	:15
:30	:30
:45	:45
12	**12**
:15	:15
:30	:30
:45	:45
1	**1**
:15	:15
:30	:30
:45	:45
2	**2**
:15	:15
:30	:30
:45	:45
3	**3**
:15	:15
:30	:30
:45	:45
4	**4**
:15	:15
:30	:30
:45	:45
5	**5**
:15	:15
:30	:30
:45	:45
6	**6**
:15	:15
:30	:30
:45	:45
7	**7**
:15	:15
:30	:30
:45	:45
8	**8**
:15	:15
:30	:30
:45	:45

March 13 (Friday)

7	**7**
:15	:15
:30	:30
:45	:45
8	**8**
:15	:15
:30	:30
:45	:45
9	**9**
:15	:15
:30	:30
:45	:45
10	**10**
:15	:15
:30	:30
:45	:45
11	**11**
:15	:15
:30	:30
:45	:45
12	**12**
:15	:15
:30	:30
:45	:45
1	**1**
:15	:15
:30	:30
:45	:45
2	**2**
:15	:15
:30	:30
:45	:45
3	**3**
:15	:15
:30	:30
:45	:45
4	**4**
:15	:15
:30	:30
:45	:45
5	**5**
:15	:15
:30	:30
:45	:45
6	**6**
:15	:15
:30	:30
:45	:45
7	**7**
:15	:15
:30	:30
:45	:45
8	**8**
:15	:15
:30	:30
:45	:45

March 14 (Saturday)

7	**7**
:15	:15
:30	:30
:45	:45
8	**8**
:15	:15
:30	:30
:45	:45
9	**9**
:15	:15
:30	:30
:45	:45
10	**10**
:15	:15
:30	:30
:45	:45
11	**11**
:15	:15
:30	:30
:45	:45
12	**12**
:15	:15
:30	:30
:45	:45
1	**1**
:15	:15
:30	:30
:45	:45
2	**2**
:15	:15
:30	:30
:45	:45
3	**3**
:15	:15
:30	:30
:45	:45
4	**4**
:15	:15
:30	:30
:45	:45
5	**5**
:15	:15
:30	:30
:45	:45
6	**6**
:15	:15
:30	:30
:45	:45
7	**7**
:15	:15
:30	:30
:45	:45
8	**8**
:15	:15
:30	:30
:45	:45

March 15 (Sunday)

7	**7**
:15	:15
:30	:30
:45	:45
8	**8**
:15	:15
:30	:30
:45	:45
9	**9**
:15	:15
:30	:30
:45	:45
10	**10**
:15	:15
:30	:30
:45	:45
11	**11**
:15	:15
:30	:30
:45	:45
12	**12**
:15	:15
:30	:30
:45	:45
1	**1**
:15	:15
:30	:30
:45	:45
2	**2**
:15	:15
:30	:30
:45	:45
3	**3**
:15	:15
:30	:30
:45	:45
4	**4**
:15	:15
:30	:30
:45	:45
5	**5**
:15	:15
:30	:30
:45	:45
6	**6**
:15	:15
:30	:30
:45	:45
7	**7**
:15	:15
:30	:30
:45	:45
8	**8**
:15	:15
:30	:30
:45	:45

7	**7**
:15	:15
:30	:30
:45	:45
8	**8**
:15	:15
:30	:30
:45	:45
9	**9**
:15	:15
:30	:30
:45	:45
10	**10**
:15	:15
:30	:30
:45	:45
11	**11**
:15	:15
:30	:30
:45	:45
12	**12**
:15	:15
:30	:30
:45	:45
1	**1**
:15	:15
:30	:30
:45	:45
2	**2**
:15	:15
:30	:30
:45	:45
3	**3**
:15	:15
:30	:30
:45	:45
4	**4**
:15	:15
:30	:30
:45	:45
5	**5**
:15	:15
:30	:30
:45	:45
6	**6**
:15	:15
:30	:30
:45	:45
7	**7**
:15	:15
:30	:30
:45	:45
8	**8**
:15	:15
:30	:30
:45	:45

March 17 (Tuesday)

7	**7**
:15	:15
:30	:30
:45	:45
8	**8**
:15	:15
:30	:30
:45	:45
9	**9**
:15	:15
:30	:30
:45	:45
10	**10**
:15	:15
:30	:30
:45	:45
11	**11**
:15	:15
:30	:30
:45	:45
12	**12**
:15	:15
:30	:30
:45	:45
1	**1**
:15	:15
:30	:30
:45	:45
2	**2**
:15	:15
:30	:30
:45	:45
3	**3**
:15	:15
:30	:30
:45	:45
4	**4**
:15	:15
:30	:30
:45	:45
5	**5**
:15	:15
:30	:30
:45	:45
6	**6**
:15	:15
:30	:30
:45	:45
7	**7**
:15	:15
:30	:30
:45	:45
8	**8**
:15	:15
:30	:30
:45	:45

7	**7**
:15	:15
:30	:30
:45	:45
8	**8**
:15	:15
:30	:30
:45	:45
9	**9**
:15	:15
:30	:30
:45	:45
10	**10**
:15	:15
:30	:30
:45	:45
11	**11**
:15	:15
:30	:30
:45	:45
12	**12**
:15	:15
:30	:30
:45	:45
1	**1**
:15	:15
:30	:30
:45	:45
2	**2**
:15	:15
:30	:30
:45	:45
3	**3**
:15	:15
:30	:30
:45	:45
4	**4**
:15	:15
:30	:30
:45	:45
5	**5**
:15	:15
:30	:30
:45	:45
6	**6**
:15	:15
:30	:30
:45	:45
7	**7**
:15	:15
:30	:30
:45	:45
8	**8**
:15	:15
:30	:30
:45	:45

7		7	
:15		:15	
:30		:30	
:45		:45	
8		8	
:15		:15	
:30		:30	
:45		:45	
9		9	
:15		:15	
:30		:30	
:45		:45	
10		10	
:15		:15	
:30		:30	
:45		:45	
11		11	
:15		:15	
:30		:30	
:45		:45	
12		12	
:15		:15	
:30		:30	
:45		:45	
1		1	
:15		:15	
:30		:30	
:45		:45	
2		2	
:15		:15	
:30		:30	
:45		:45	
3		3	
:15		:15	
:30		:30	
:45		:45	
4		4	
:15		:15	
:30		:30	
:45		:45	
5		5	
:15		:15	
:30		:30	
:45		:45	
6		6	
:15		:15	
:30		:30	
:45		:45	
7		7	
:15		:15	
:30		:30	
:45		:45	
8		8	
:15		:15	
:30		:30	
:45		:45	

7	**7**
:15	:15
:30	:30
:45	:45
8	**8**
:15	:15
:30	:30
:45	:45
9	**9**
:15	:15
:30	:30
:45	:45
10	**10**
:15	:15
:30	:30
:45	:45
11	**11**
:15	:15
:30	:30
:45	:45
12	**12**
:15	:15
:30	:30
:45	:45
1	**1**
:15	:15
:30	:30
:45	:45
2	**2**
:15	:15
:30	:30
:45	:45
3	**3**
:15	:15
:30	:30
:45	:45
4	**4**
:15	:15
:30	:30
:45	:45
5	**5**
:15	:15
:30	:30
:45	:45
6	**6**
:15	:15
:30	:30
:45	:45
7	**7**
:15	:15
:30	:30
:45	:45
8	**8**
:15	:15
:30	:30
:45	:45

March 21 (Saturday)

7	**7**
:15	:15
:30	:30
:45	:45
8	**8**
:15	:15
:30	:30
:45	:45
9	**9**
:15	:15
:30	:30
:45	:45
10	**10**
:15	:15
:30	:30
:45	:45
11	**11**
:15	:15
:30	:30
:45	:45
12	**12**
:15	:15
:30	:30
:45	:45
1	**1**
:15	:15
:30	:30
:45	:45
2	**2**
:15	:15
:30	:30
:45	:45
3	**3**
:15	:15
:30	:30
:45	:45
4	**4**
:15	:15
:30	:30
:45	:45
5	**5**
:15	:15
:30	:30
:45	:45
6	**6**
:15	:15
:30	:30
:45	:45
7	**7**
:15	:15
:30	:30
:45	:45
8	**8**
:15	:15
:30	:30
:45	:45

7	**7**
:15	:15
:30	:30
:45	:45
8	**8**
:15	:15
:30	:30
:45	:45
9	**9**
:15	:15
:30	:30
:45	:45
10	**10**
:15	:15
:30	:30
:45	:45
11	**11**
:15	:15
:30	:30
:45	:45
12	**12**
:15	:15
:30	:30
:45	:45
1	**1**
:15	:15
:30	:30
:45	:45
2	**2**
:15	:15
:30	:30
:45	:45
3	**3**
:15	:15
:30	:30
:45	:45
4	**4**
:15	:15
:30	:30
:45	:45
5	**5**
:15	:15
:30	:30
:45	:45
6	**6**
:15	:15
:30	:30
:45	:45
7	**7**
:15	:15
:30	:30
:45	:45
8	**8**
:15	:15
:30	:30
:45	:45

March 23 (Monday)

7	**7**
:15	:15
:30	:30
:45	:45
8	**8**
:15	:15
:30	:30
:45	:45
9	**9**
:15	:15
:30	:30
:45	:45
10	**10**
:15	:15
:30	:30
:45	:45
11	**11**
:15	:15
:30	:30
:45	:45
12	**12**
:15	:15
:30	:30
:45	:45
1	**1**
:15	:15
:30	:30
:45	:45
2	**2**
:15	:15
:30	:30
:45	:45
3	**3**
:15	:15
:30	:30
:45	:45
4	**4**
:15	:15
:30	:30
:45	:45
5	**5**
:15	:15
:30	:30
:45	:45
6	**6**
:15	:15
:30	:30
:45	:45
7	**7**
:15	:15
:30	:30
:45	:45
8	**8**
:15	:15
:30	:30
:45	:45

7	**7**
:15	:15
:30	:30
:45	:45
8	**8**
:15	:15
:30	:30
:45	:45
9	**9**
:15	:15
:30	:30
:45	:45
10	**10**
:15	:15
:30	:30
:45	:45
11	**11**
:15	:15
:30	:30
:45	:45
12	**12**
:15	:15
:30	:30
:45	:45
1	**1**
:15	:15
:30	:30
:45	:45
2	**2**
:15	:15
:30	:30
:45	:45
3	**3**
:15	:15
:30	:30
:45	:45
4	**4**
:15	:15
:30	:30
:45	:45
5	**5**
:15	:15
:30	:30
:45	:45
6	**6**
:15	:15
:30	:30
:45	:45
7	**7**
:15	:15
:30	:30
:45	:45
8	**8**
:15	:15
:30	:30
:45	:45

March 25 (Wednesday)

7	**7**
:15	:15
:30	:30
:45	:45
8	**8**
:15	:15
:30	:30
:45	:45
9	**9**
:15	:15
:30	:30
:45	:45
10	**10**
:15	:15
:30	:30
:45	:45
11	**11**
:15	:15
:30	:30
:45	:45
12	**12**
:15	:15
:30	:30
:45	:45
1	**1**
:15	:15
:30	:30
:45	:45
2	**2**
:15	:15
:30	:30
:45	:45
3	**3**
:15	:15
:30	:30
:45	:45
4	**4**
:15	:15
:30	:30
:45	:45
5	**5**
:15	:15
:30	:30
:45	:45
6	**6**
:15	:15
:30	:30
:45	:45
7	**7**
:15	:15
:30	:30
:45	:45
8	**8**
:15	:15
:30	:30
:45	:45

7	**7**
:15	:15
:30	:30
:45	:45
8	**8**
:15	:15
:30	:30
:45	:45
9	**9**
:15	:15
:30	:30
:45	:45
10	**10**
:15	:15
:30	:30
:45	:45
11	**11**
:15	:15
:30	:30
:45	:45
12	**12**
:15	:15
:30	:30
:45	:45
1	**1**
:15	:15
:30	:30
:45	:45
2	**2**
:15	:15
:30	:30
:45	:45
3	**3**
:15	:15
:30	:30
:45	:45
4	**4**
:15	:15
:30	:30
:45	:45
5	**5**
:15	:15
:30	:30
:45	:45
6	**6**
:15	:15
:30	:30
:45	:45
7	**7**
:15	:15
:30	:30
:45	:45
8	**8**
:15	:15
:30	:30
:45	:45

March 27 (Friday)

7	**7**
:15	:15
:30	:30
:45	:45
8	**8**
:15	:15
:30	:30
:45	:45
9	**9**
:15	:15
:30	:30
:45	:45
10	**10**
:15	:15
:30	:30
:45	:45
11	**11**
:15	:15
:30	:30
:45	:45
12	**12**
:15	:15
:30	:30
:45	:45
1	**1**
:15	:15
:30	:30
:45	:45
2	**2**
:15	:15
:30	:30
:45	:45
3	**3**
:15	:15
:30	:30
:45	:45
4	**4**
:15	:15
:30	:30
:45	:45
5	**5**
:15	:15
:30	:30
:45	:45
6	**6**
:15	:15
:30	:30
:45	:45
7	**7**
:15	:15
:30	:30
:45	:45
8	**8**
:15	:15
:30	:30
:45	:45

7	**7**
:15	:15
:30	:30
:45	:45
8	**8**
:15	:15
:30	:30
:45	:45
9	**9**
:15	:15
:30	:30
:45	:45
10	**10**
:15	:15
:30	:30
:45	:45
11	**11**
:15	:15
:30	:30
:45	:45
12	**12**
:15	:15
:30	:30
:45	:45
1	**1**
:15	:15
:30	:30
:45	:45
2	**2**
:15	:15
:30	:30
:45	:45
3	**3**
:15	:15
:30	:30
:45	:45
4	**4**
:15	:15
:30	:30
:45	:45
5	**5**
:15	:15
:30	:30
:45	:45
6	**6**
:15	:15
:30	:30
:45	:45
7	**7**
:15	:15
:30	:30
:45	:45
8	**8**
:15	:15
:30	:30
:45	:45

March 29 (Sunday)

7	**7**
:15	:15
:30	:30
:45	:45
8	**8**
:15	:15
:30	:30
:45	:45
9	**9**
:15	:15
:30	:30
:45	:45
10	**10**
:15	:15
:30	:30
:45	:45
11	**11**
:15	:15
:30	:30
:45	:45
12	**12**
:15	:15
:30	:30
:45	:45
1	**1**
:15	:15
:30	:30
:45	:45
2	**2**
:15	:15
:30	:30
:45	:45
3	**3**
:15	:15
:30	:30
:45	:45
4	**4**
:15	:15
:30	:30
:45	:45
5	**5**
:15	:15
:30	:30
:45	:45
6	**6**
:15	:15
:30	:30
:45	:45
7	**7**
:15	:15
:30	:30
:45	:45
8	**8**
:15	:15
:30	:30
:45	:45

7	**7**
:15	:15
:30	:30
:45	:45
8	**8**
:15	:15
:30	:30
:45	:45
9	**9**
:15	:15
:30	:30
:45	:45
10	**10**
:15	:15
:30	:30
:45	:45
11	**11**
:15	:15
:30	:30
:45	:45
12	**12**
:15	:15
:30	:30
:45	:45
1	**1**
:15	:15
:30	:30
:45	:45
2	**2**
:15	:15
:30	:30
:45	:45
3	**3**
:15	:15
:30	:30
:45	:45
4	**4**
:15	:15
:30	:30
:45	:45
5	**5**
:15	:15
:30	:30
:45	:45
6	**6**
:15	:15
:30	:30
:45	:45
7	**7**
:15	:15
:30	:30
:45	:45
8	**8**
:15	:15
:30	:30
:45	:45

March 31 (Tuesday)

91/275

7	**7**
:15	:15
:30	:30
:45	:45
8	**8**
:15	:15
:30	:30
:45	:45
9	**9**
:15	:15
:30	:30
:45	:45
10	**10**
:15	:15
:30	:30
:45	:45
11	**11**
:15	:15
:30	:30
:45	:45
12	**12**
:15	:15
:30	:30
:45	:45
1	**1**
:15	:15
:30	:30
:45	:45
2	**2**
:15	:15
:30	:30
:45	:45
3	**3**
:15	:15
:30	:30
:45	:45
4	**4**
:15	:15
:30	:30
:45	:45
5	**5**
:15	:15
:30	:30
:45	:45
6	**6**
:15	:15
:30	:30
:45	:45
7	**7**
:15	:15
:30	:30
:45	:45
8	**8**
:15	:15
:30	:30
:45	:45

April 1 (Wednesday)

7	**7**
:15	:15
:30	:30
:45	:45
8	**8**
:15	:15
:30	:30
:45	:45
9	**9**
:15	:15
:30	:30
:45	:45
10	**10**
:15	:15
:30	:30
:45	:45
11	**11**
:15	:15
:30	:30
:45	:45
12	**12**
:15	:15
:30	:30
:45	:45
1	**1**
:15	:15
:30	:30
:45	:45
2	**2**
:15	:15
:30	:30
:45	:45
3	**3**
:15	:15
:30	:30
:45	:45
4	**4**
:15	:15
:30	:30
:45	:45
5	**5**
:15	:15
:30	:30
:45	:45
6	**6**
:15	:15
:30	:30
:45	:45
7	**7**
:15	:15
:30	:30
:45	:45
8	**8**
:15	:15
:30	:30
:45	:45

April 2 (Thursday)

7	**7**
:15	:15
:30	:30
:45	:45
8	**8**
:15	:15
:30	:30
:45	:45
9	**9**
:15	:15
:30	:30
:45	:45
10	**10**
:15	:15
:30	:30
:45	:45
11	**11**
:15	:15
:30	:30
:45	:45
12	**12**
:15	:15
:30	:30
:45	:45
1	**1**
:15	:15
:30	:30
:45	:45
2	**2**
:15	:15
:30	:30
:45	:45
3	**3**
:15	:15
:30	:30
:45	:45
4	**4**
:15	:15
:30	:30
:45	:45
5	**5**
:15	:15
:30	:30
:45	:45
6	**6**
:15	:15
:30	:30
:45	:45
7	**7**
:15	:15
:30	:30
:45	:45
8	**8**
:15	:15
:30	:30
:45	:45

7	**7**
:15	:15
:30	:30
:45	:45
8	**8**
:15	:15
:30	:30
:45	:45
9	**9**
:15	:15
:30	:30
:45	:45
10	**10**
:15	:15
:30	:30
:45	:45
11	**11**
:15	:15
:30	:30
:45	:45
12	**12**
:15	:15
:30	:30
:45	:45
1	**1**
:15	:15
:30	:30
:45	:45
2	**2**
:15	:15
:30	:30
:45	:45
3	**3**
:15	:15
:30	:30
:45	:45
4	**4**
:15	:15
:30	:30
:45	:45
5	**5**
:15	:15
:30	:30
:45	:45
6	**6**
:15	:15
:30	:30
:45	:45
7	**7**
:15	:15
:30	:30
:45	:45
8	**8**
:15	:15
:30	:30
:45	:45

April 4 (Saturday)

7	**7**
:15	:15
:30	:30
:45	:45
8	**8**
:15	:15
:30	:30
:45	:45
9	**9**
:15	:15
:30	:30
:45	:45
10	**10**
:15	:15
:30	:30
:45	:45
11	**11**
:15	:15
:30	:30
:45	:45
12	**12**
:15	:15
:30	:30
:45	:45
1	**1**
:15	:15
:30	:30
:45	:45
2	**2**
:15	:15
:30	:30
:45	:45
3	**3**
:15	:15
:30	:30
:45	:45
4	**4**
:15	:15
:30	:30
:45	:45
5	**5**
:15	:15
:30	:30
:45	:45
6	**6**
:15	:15
:30	:30
:45	:45
7	**7**
:15	:15
:30	:30
:45	:45
8	**8**
:15	:15
:30	:30
:45	:45

7	**7**
:15	:15
:30	:30
:45	:45
8	**8**
:15	:15
:30	:30
:45	:45
9	**9**
:15	:15
:30	:30
:45	:45
10	**10**
:15	:15
:30	:30
:45	:45
11	**11**
:15	:15
:30	:30
:45	:45
12	**12**
:15	:15
:30	:30
:45	:45
1	**1**
:15	:15
:30	:30
:45	:45
2	**2**
:15	:15
:30	:30
:45	:45
3	**3**
:15	:15
:30	:30
:45	:45
4	**4**
:15	:15
:30	:30
:45	:45
5	**5**
:15	:15
:30	:30
:45	:45
6	**6**
:15	:15
:30	:30
:45	:45
7	**7**
:15	:15
:30	:30
:45	:45
8	**8**
:15	:15
:30	:30
:45	:45

April 6 (Monday)

97/269

7	**7**
:15	:15
:30	:30
:45	:45
8	**8**
:15	:15
:30	:30
:45	:45
9	**9**
:15	:15
:30	:30
:45	:45
10	**10**
:15	:15
:30	:30
:45	:45
11	**11**
:15	:15
:30	:30
:45	:45
12	**12**
:15	:15
:30	:30
:45	:45
1	**1**
:15	:15
:30	:30
:45	:45
2	**2**
:15	:15
:30	:30
:45	:45
3	**3**
:15	:15
:30	:30
:45	:45
4	**4**
:15	:15
:30	:30
:45	:45
5	**5**
:15	:15
:30	:30
:45	:45
6	**6**
:15	:15
:30	:30
:45	:45
7	**7**
:15	:15
:30	:30
:45	:45
8	**8**
:15	:15
:30	:30
:45	:45

7	**7**
:15	:15
:30	:30
:45	:45
8	**8**
:15	:15
:30	:30
:45	:45
9	**9**
:15	:15
:30	:30
:45	:45
10	**10**
:15	:15
:30	:30
:45	:45
11	**11**
:15	:15
:30	:30
:45	:45
12	**12**
:15	:15
:30	:30
:45	:45
1	**1**
:15	:15
:30	:30
:45	:45
2	**2**
:15	:15
:30	:30
:45	:45
3	**3**
:15	:15
:30	:30
:45	:45
4	**4**
:15	:15
:30	:30
:45	:45
5	**5**
:15	:15
:30	:30
:45	:45
6	**6**
:15	:15
:30	:30
:45	:45
7	**7**
:15	:15
:30	:30
:45	:45
8	**8**
:15	:15
:30	:30
:45	:45

April 8 (Wednesday)

99/267

7	**7**
:15	:15
:30	:30
:45	:45
8	**8**
:15	:15
:30	:30
:45	:45
9	**9**
:15	:15
:30	:30
:45	:45
10	**10**
:15	:15
:30	:30
:45	:45
11	**11**
:15	:15
:30	:30
:45	:45
12	**12**
:15	:15
:30	:30
:45	:45
1	**1**
:15	:15
:30	:30
:45	:45
2	**2**
:15	:15
:30	:30
:45	:45
3	**3**
:15	:15
:30	:30
:45	:45
4	**4**
:15	:15
:30	:30
:45	:45
5	**5**
:15	:15
:30	:30
:45	:45
6	**6**
:15	:15
:30	:30
:45	:45
7	**7**
:15	:15
:30	:30
:45	:45
8	**8**
:15	:15
:30	:30
:45	:45

7	**7**
:15	:15
:30	:30
:45	:45
8	**8**
:15	:15
:30	:30
:45	:45
9	**9**
:15	:15
:30	:30
:45	:45
10	**10**
:15	:15
:30	:30
:45	:45
11	**11**
:15	:15
:30	:30
:45	:45
12	**12**
:15	:15
:30	:30
:45	:45
1	**1**
:15	:15
:30	:30
:45	:45
2	**2**
:15	:15
:30	:30
:45	:45
3	**3**
:15	:15
:30	:30
:45	:45
4	**4**
:15	:15
:30	:30
:45	:45
5	**5**
:15	:15
:30	:30
:45	:45
6	**6**
:15	:15
:30	:30
:45	:45
7	**7**
:15	:15
:30	:30
:45	:45
8	**8**
:15	:15
:30	:30
:45	:45

April 10 (Friday)

7	**7**
:15	:15
:30	:30
:45	:45
8	**8**
:15	:15
:30	:30
:45	:45
9	**9**
:15	:15
:30	:30
:45	:45
10	**10**
:15	:15
:30	:30
:45	:45
11	**11**
:15	:15
:30	:30
:45	:45
12	**12**
:15	:15
:30	:30
:45	:45
1	**1**
:15	:15
:30	:30
:45	:45
2	**2**
:15	:15
:30	:30
:45	:45
3	**3**
:15	:15
:30	:30
:45	:45
4	**4**
:15	:15
:30	:30
:45	:45
5	**5**
:15	:15
:30	:30
:45	:45
6	**6**
:15	:15
:30	:30
:45	:45
7	**7**
:15	:15
:30	:30
:45	:45
8	**8**
:15	:15
:30	:30
:45	:45

7	**7**
:15	:15
:30	:30
:45	:45
8	**8**
:15	:15
:30	:30
:45	:45
9	**9**
:15	:15
:30	:30
:45	:45
10	**10**
:15	:15
:30	:30
:45	:45
11	**11**
:15	:15
:30	:30
:45	:45
12	**12**
:15	:15
:30	:30
:45	:45
1	**1**
:15	:15
:30	:30
:45	:45
2	**2**
:15	:15
:30	:30
:45	:45
3	**3**
:15	:15
:30	:30
:45	:45
4	**4**
:15	:15
:30	:30
:45	:45
5	**5**
:15	:15
:30	:30
:45	:45
6	**6**
:15	:15
:30	:30
:45	:45
7	**7**
:15	:15
:30	:30
:45	:45
8	**8**
:15	:15
:30	:30
:45	:45

7	**7**
:15	:15
:30	:30
:45	:45
8	**8**
:15	:15
:30	:30
:45	:45
9	**9**
:15	:15
:30	:30
:45	:45
10	**10**
:15	:15
:30	:30
:45	:45
11	**11**
:15	:15
:30	:30
:45	:45
12	**12**
:15	:15
:30	:30
:45	:45
1	**1**
:15	:15
:30	:30
:45	:45
2	**2**
:15	:15
:30	:30
:45	:45
3	**3**
:15	:15
:30	:30
:45	:45
4	**4**
:15	:15
:30	:30
:45	:45
5	**5**
:15	:15
:30	:30
:45	:45
6	**6**
:15	:15
:30	:30
:45	:45
7	**7**
:15	:15
:30	:30
:45	:45
8	**8**
:15	:15
:30	:30
:45	:45

7	**7**
:15	:15
:30	:30
:45	:45
8	**8**
:15	:15
:30	:30
:45	:45
9	**9**
:15	:15
:30	:30
:45	:45
10	**10**
:15	:15
:30	:30
:45	:45
11	**11**
:15	:15
:30	:30
:45	:45
12	**12**
:15	:15
:30	:30
:45	:45
1	**1**
:15	:15
:30	:30
:45	:45
2	**2**
:15	:15
:30	:30
:45	:45
3	**3**
:15	:15
:30	:30
:45	:45
4	**4**
:15	:15
:30	:30
:45	:45
5	**5**
:15	:15
:30	:30
:45	:45
6	**6**
:15	:15
:30	:30
:45	:45
7	**7**
:15	:15
:30	:30
:45	:45
8	**8**
:15	:15
:30	:30
:45	:45

April 14 (Tuesday)

7	**7**
:15	:15
:30	:30
:45	:45
8	**8**
:15	:15
:30	:30
:45	:45
9	**9**
:15	:15
:30	:30
:45	:45
10	**10**
:15	:15
:30	:30
:45	:45
11	**11**
:15	:15
:30	:30
:45	:45
12	**12**
:15	:15
:30	:30
:45	:45
1	**1**
:15	:15
:30	:30
:45	:45
2	**2**
:15	:15
:30	:30
:45	:45
3	**3**
:15	:15
:30	:30
:45	:45
4	**4**
:15	:15
:30	:30
:45	:45
5	**5**
:15	:15
:30	:30
:45	:45
6	**6**
:15	:15
:30	:30
:45	:45
7	**7**
:15	:15
:30	:30
:45	:45
8	**8**
:15	:15
:30	:30
:45	:45

7	**7**
:15	:15
:30	:30
:45	:45
8	**8**
:15	:15
:30	:30
:45	:45
9	**9**
:15	:15
:30	:30
:45	:45
10	**10**
:15	:15
:30	:30
:45	:45
11	**11**
:15	:15
:30	:30
:45	:45
12	**12**
:15	:15
:30	:30
:45	:45
1	**1**
:15	:15
:30	:30
:45	:45
2	**2**
:15	:15
:30	:30
:45	:45
3	**3**
:15	:15
:30	:30
:45	:45
4	**4**
:15	:15
:30	:30
:45	:45
5	**5**
:15	:15
:30	:30
:45	:45
6	**6**
:15	:15
:30	:30
:45	:45
7	**7**
:15	:15
:30	:30
:45	:45
8	**8**
:15	:15
:30	:30
:45	:45

April 16 (Thursday)

7	**7**
:15	:15
:30	:30
:45	:45
8	**8**
:15	:15
:30	:30
:45	:45
9	**9**
:15	:15
:30	:30
:45	:45
10	**10**
:15	:15
:30	:30
:45	:45
11	**11**
:15	:15
:30	:30
:45	:45
12	**12**
:15	:15
:30	:30
:45	:45
1	**1**
:15	:15
:30	:30
:45	:45
2	**2**
:15	:15
:30	:30
:45	:45
3	**3**
:15	:15
:30	:30
:45	:45
4	**4**
:15	:15
:30	:30
:45	:45
5	**5**
:15	:15
:30	:30
:45	:45
6	**6**
:15	:15
:30	:30
:45	:45
7	**7**
:15	:15
:30	:30
:45	:45
8	**8**
:15	:15
:30	:30
:45	:45

7	**7**
:15	:15
:30	:30
:45	:45
8	**8**
:15	:15
:30	:30
:45	:45
9	**9**
:15	:15
:30	:30
:45	:45
10	**10**
:15	:15
:30	:30
:45	:45
11	**11**
:15	:15
:30	:30
:45	:45
12	**12**
:15	:15
:30	:30
:45	:45
1	**1**
:15	:15
:30	:30
:45	:45
2	**2**
:15	:15
:30	:30
:45	:45
3	**3**
:15	:15
:30	:30
:45	:45
4	**4**
:15	:15
:30	:30
:45	:45
5	**5**
:15	:15
:30	:30
:45	:45
6	**6**
:15	:15
:30	:30
:45	:45
7	**7**
:15	:15
:30	:30
:45	:45
8	**8**
:15	:15
:30	:30
:45	:45

April 18 (Saturday)

109/257

7	**7**
:15	:15
:30	:30
:45	:45
8	**8**
:15	:15
:30	:30
:45	:45
9	**9**
:15	:15
:30	:30
:45	:45
10	**10**
:15	:15
:30	:30
:45	:45
11	**11**
:15	:15
:30	:30
:45	:45
12	**12**
:15	:15
:30	:30
:45	:45
1	**1**
:15	:15
:30	:30
:45	:45
2	**2**
:15	:15
:30	:30
:45	:45
3	**3**
:15	:15
:30	:30
:45	:45
4	**4**
:15	:15
:30	:30
:45	:45
5	**5**
:15	:15
:30	:30
:45	:45
6	**6**
:15	:15
:30	:30
:45	:45
7	**7**
:15	:15
:30	:30
:45	:45
8	**8**
:15	:15
:30	:30
:45	:45

7	**7**
:15	:15
:30	:30
:45	:45
8	**8**
:15	:15
:30	:30
:45	:45
9	**9**
:15	:15
:30	:30
:45	:45
10	**10**
:15	:15
:30	:30
:45	:45
11	**11**
:15	:15
:30	:30
:45	:45
12	**12**
:15	:15
:30	:30
:45	:45
1	**1**
:15	:15
:30	:30
:45	:45
2	**2**
:15	:15
:30	:30
:45	:45
3	**3**
:15	:15
:30	:30
:45	:45
4	**4**
:15	:15
:30	:30
:45	:45
5	**5**
:15	:15
:30	:30
:45	:45
6	**6**
:15	:15
:30	:30
:45	:45
7	**7**
:15	:15
:30	:30
:45	:45
8	**8**
:15	:15
:30	:30
:45	:45

April 20 (Monday)

7	**7**
:15	:15
:30	:30
:45	:45
8	**8**
:15	:15
:30	:30
:45	:45
9	**9**
:15	:15
:30	:30
:45	:45
10	**10**
:15	:15
:30	:30
:45	:45
11	**11**
:15	:15
:30	:30
:45	:45
12	**12**
:15	:15
:30	:30
:45	:45
1	**1**
:15	:15
:30	:30
:45	:45
2	**2**
:15	:15
:30	:30
:45	:45
3	**3**
:15	:15
:30	:30
:45	:45
4	**4**
:15	:15
:30	:30
:45	:45
5	**5**
:15	:15
:30	:30
:45	:45
6	**6**
:15	:15
:30	:30
:45	:45
7	**7**
:15	:15
:30	:30
:45	:45
8	**8**
:15	:15
:30	:30
:45	:45

7	**7**
:15	:15
:30	:30
:45	:45
8	**8**
:15	:15
:30	:30
:45	:45
9	**9**
:15	:15
:30	:30
:45	:45
10	**10**
:15	:15
:30	:30
:45	:45
11	**11**
:15	:15
:30	:30
:45	:45
12	**12**
:15	:15
:30	:30
:45	:45
1	**1**
:15	:15
:30	:30
:45	:45
2	**2**
:15	:15
:30	:30
:45	:45
3	**3**
:15	:15
:30	:30
:45	:45
4	**4**
:15	:15
:30	:30
:45	:45
5	**5**
:15	:15
:30	:30
:45	:45
6	**6**
:15	:15
:30	:30
:45	:45
7	**7**
:15	:15
:30	:30
:45	:45
8	**8**
:15	:15
:30	:30
:45	:45

April 22 (Wednesday)

7	**7**
:15	:15
:30	:30
:45	:45
8	**8**
:15	:15
:30	:30
:45	:45
9	**9**
:15	:15
:30	:30
:45	:45
10	**10**
:15	:15
:30	:30
:45	:45
11	**11**
:15	:15
:30	:30
:45	:45
12	**12**
:15	:15
:30	:30
:45	:45
1	**1**
:15	:15
:30	:30
:45	:45
2	**2**
:15	:15
:30	:30
:45	:45
3	**3**
:15	:15
:30	:30
:45	:45
4	**4**
:15	:15
:30	:30
:45	:45
5	**5**
:15	:15
:30	:30
:45	:45
6	**6**
:15	:15
:30	:30
:45	:45
7	**7**
:15	:15
:30	:30
:45	:45
8	**8**
:15	:15
:30	:30
:45	:45

7	**7**
:15	:15
:30	:30
:45	:45
8	**8**
:15	:15
:30	:30
:45	:45
9	**9**
:15	:15
:30	:30
:45	:45
10	**10**
:15	:15
:30	:30
:45	:45
11	**11**
:15	:15
:30	:30
:45	:45
12	**12**
:15	:15
:30	:30
:45	:45
1	**1**
:15	:15
:30	:30
:45	:45
2	**2**
:15	:15
:30	:30
:45	:45
3	**3**
:15	:15
:30	:30
:45	:45
4	**4**
:15	:15
:30	:30
:45	:45
5	**5**
:15	:15
:30	:30
:45	:45
6	**6**
:15	:15
:30	:30
:45	:45
7	**7**
:15	:15
:30	:30
:45	:45
8	**8**
:15	:15
:30	:30
:45	:45

April 24 (Friday)

7	**7**
:15	:15
:30	:30
:45	:45
8	**8**
:15	:15
:30	:30
:45	:45
9	**9**
:15	:15
:30	:30
:45	:45
10	**10**
:15	:15
:30	:30
:45	:45
11	**11**
:15	:15
:30	:30
:45	:45
12	**12**
:15	:15
:30	:30
:45	:45
1	**1**
:15	:15
:30	:30
:45	:45
2	**2**
:15	:15
:30	:30
:45	:45
3	**3**
:15	:15
:30	:30
:45	:45
4	**4**
:15	:15
:30	:30
:45	:45
5	**5**
:15	:15
:30	:30
:45	:45
6	**6**
:15	:15
:30	:30
:45	:45
7	**7**
:15	:15
:30	:30
:45	:45
8	**8**
:15	:15
:30	:30
:45	:45

7	**7**
:15	:15
:30	:30
:45	:45
8	**8**
:15	:15
:30	:30
:45	:45
9	**9**
:15	:15
:30	:30
:45	:45
10	**10**
:15	:15
:30	:30
:45	:45
11	**11**
:15	:15
:30	:30
:45	:45
12	**12**
:15	:15
:30	:30
:45	:45
1	**1**
:15	:15
:30	:30
:45	:45
2	**2**
:15	:15
:30	:30
:45	:45
3	**3**
:15	:15
:30	:30
:45	:45
4	**4**
:15	:15
:30	:30
:45	:45
5	**5**
:15	:15
:30	:30
:45	:45
6	**6**
:15	:15
:30	:30
:45	:45
7	**7**
:15	:15
:30	:30
:45	:45
8	**8**
:15	:15
:30	:30
:45	:45

April 26 (Sunday)

7	**7**
:15	:15
:30	:30
:45	:45
8	**8**
:15	:15
:30	:30
:45	:45
9	**9**
:15	:15
:30	:30
:45	:45
10	**10**
:15	:15
:30	:30
:45	:45
11	**11**
:15	:15
:30	:30
:45	:45
12	**12**
:15	:15
:30	:30
:45	:45
1	**1**
:15	:15
:30	:30
:45	:45
2	**2**
:15	:15
:30	:30
:45	:45
3	**3**
:15	:15
:30	:30
:45	:45
4	**4**
:15	:15
:30	:30
:45	:45
5	**5**
:15	:15
:30	:30
:45	:45
6	**6**
:15	:15
:30	:30
:45	:45
7	**7**
:15	:15
:30	:30
:45	:45
8	**8**
:15	:15
:30	:30
:45	:45

7	**7**
:15	:15
:30	:30
:45	:45
8	**8**
:15	:15
:30	:30
:45	:45
9	**9**
:15	:15
:30	:30
:45	:45
10	**10**
:15	:15
:30	:30
:45	:45
11	**11**
:15	:15
:30	:30
:45	:45
12	**12**
:15	:15
:30	:30
:45	:45
1	**1**
:15	:15
:30	:30
:45	:45
2	**2**
:15	:15
:30	:30
:45	:45
3	**3**
:15	:15
:30	:30
:45	:45
4	**4**
:15	:15
:30	:30
:45	:45
5	**5**
:15	:15
:30	:30
:45	:45
6	**6**
:15	:15
:30	:30
:45	:45
7	**7**
:15	:15
:30	:30
:45	:45
8	**8**
:15	:15
:30	:30
:45	:45

April 28 (Tuesday)

7	**7**
:15	:15
:30	:30
:45	:45
8	**8**
:15	:15
:30	:30
:45	:45
9	**9**
:15	:15
:30	:30
:45	:45
10	**10**
:15	:15
:30	:30
:45	:45
11	**11**
:15	:15
:30	:30
:45	:45
12	**12**
:15	:15
:30	:30
:45	:45
1	**1**
:15	:15
:30	:30
:45	:45
2	**2**
:15	:15
:30	:30
:45	:45
3	**3**
:15	:15
:30	:30
:45	:45
4	**4**
:15	:15
:30	:30
:45	:45
5	**5**
:15	:15
:30	:30
:45	:45
6	**6**
:15	:15
:30	:30
:45	:45
7	**7**
:15	:15
:30	:30
:45	:45
8	**8**
:15	:15
:30	:30
:45	:45

7	**7**
:15	:15
:30	:30
:45	:45
8	**8**
:15	:15
:30	:30
:45	:45
9	**9**
:15	:15
:30	:30
:45	:45
10	**10**
:15	:15
:30	:30
:45	:45
11	**11**
:15	:15
:30	:30
:45	:45
12	**12**
:15	:15
:30	:30
:45	:45
1	**1**
:15	:15
:30	:30
:45	:45
2	**2**
:15	:15
:30	:30
:45	:45
3	**3**
:15	:15
:30	:30
:45	:45
4	**4**
:15	:15
:30	:30
:45	:45
5	**5**
:15	:15
:30	:30
:45	:45
6	**6**
:15	:15
:30	:30
:45	:45
7	**7**
:15	:15
:30	:30
:45	:45
8	**8**
:15	:15
:30	:30
:45	:45

April 30 (Thursday)

7	**7**
:15	:15
:30	:30
:45	:45
8	**8**
:15	:15
:30	:30
:45	:45
9	**9**
:15	:15
:30	:30
:45	:45
10	**10**
:15	:15
:30	:30
:45	:45
11	**11**
:15	:15
:30	:30
:45	:45
12	**12**
:15	:15
:30	:30
:45	:45
1	**1**
:15	:15
:30	:30
:45	:45
2	**2**
:15	:15
:30	:30
:45	:45
3	**3**
:15	:15
:30	:30
:45	:45
4	**4**
:15	:15
:30	:30
:45	:45
5	**5**
:15	:15
:30	:30
:45	:45
6	**6**
:15	:15
:30	:30
:45	:45
7	**7**
:15	:15
:30	:30
:45	:45
8	**8**
:15	:15
:30	:30
:45	:45

7	**7**
:15	:15
:30	:30
:45	:45
8	**8**
:15	:15
:30	:30
:45	:45
9	**9**
:15	:15
:30	:30
:45	:45
10	**10**
:15	:15
:30	:30
:45	:45
11	**11**
:15	:15
:30	:30
:45	:45
12	**12**
:15	:15
:30	:30
:45	:45
1	**1**
:15	:15
:30	:30
:45	:45
2	**2**
:15	:15
:30	:30
:45	:45
3	**3**
:15	:15
:30	:30
:45	:45
4	**4**
:15	:15
:30	:30
:45	:45
5	**5**
:15	:15
:30	:30
:45	:45
6	**6**
:15	:15
:30	:30
:45	:45
7	**7**
:15	:15
:30	:30
:45	:45
8	**8**
:15	:15
:30	:30
:45	:45

May 2 (Saturday)

7	**7**
:15	:15
:30	:30
:45	:45
8	**8**
:15	:15
:30	:30
:45	:45
9	**9**
:15	:15
:30	:30
:45	:45
10	**10**
:15	:15
:30	:30
:45	:45
11	**11**
:15	:15
:30	:30
:45	:45
12	**12**
:15	:15
:30	:30
:45	:45
1	**1**
:15	:15
:30	:30
:45	:45
2	**2**
:15	:15
:30	:30
:45	:45
3	**3**
:15	:15
:30	:30
:45	:45
4	**4**
:15	:15
:30	:30
:45	:45
5	**5**
:15	:15
:30	:30
:45	:45
6	**6**
:15	:15
:30	:30
:45	:45
7	**7**
:15	:15
:30	:30
:45	:45
8	**8**
:15	:15
:30	:30
:45	:45

7	**7**
:15	:15
:30	:30
:45	:45
8	**8**
:15	:15
:30	:30
:45	:45
9	**9**
:15	:15
:30	:30
:45	:45
10	**10**
:15	:15
:30	:30
:45	:45
11	**11**
:15	:15
:30	:30
:45	:45
12	**12**
:15	:15
:30	:30
:45	:45
1	**1**
:15	:15
:30	:30
:45	:45
2	**2**
:15	:15
:30	:30
:45	:45
3	**3**
:15	:15
:30	:30
:45	:45
4	**4**
:15	:15
:30	:30
:45	:45
5	**5**
:15	:15
:30	:30
:45	:45
6	**6**
:15	:15
:30	:30
:45	:45
7	**7**
:15	:15
:30	:30
:45	:45
8	**8**
:15	:15
:30	:30
:45	:45

May 4 (Monday)

7	**7**
:15	:15
:30	:30
:45	:45
8	**8**
:15	:15
:30	:30
:45	:45
9	**9**
:15	:15
:30	:30
:45	:45
10	**10**
:15	:15
:30	:30
:45	:45
11	**11**
:15	:15
:30	:30
:45	:45
12	**12**
:15	:15
:30	:30
:45	:45
1	**1**
:15	:15
:30	:30
:45	:45
2	**2**
:15	:15
:30	:30
:45	:45
3	**3**
:15	:15
:30	:30
:45	:45
4	**4**
:15	:15
:30	:30
:45	:45
5	**5**
:15	:15
:30	:30
:45	:45
6	**6**
:15	:15
:30	:30
:45	:45
7	**7**
:15	:15
:30	:30
:45	:45
8	**8**
:15	:15
:30	:30
:45	:45

7	**7**
:15	:15
:30	:30
:45	:45
8	**8**
:15	:15
:30	:30
:45	:45
9	**9**
:15	:15
:30	:30
:45	:45
10	**10**
:15	:15
:30	:30
:45	:45
11	**11**
:15	:15
:30	:30
:45	:45
12	**12**
:15	:15
:30	:30
:45	:45
1	**1**
:15	:15
:30	:30
:45	:45
2	**2**
:15	:15
:30	:30
:45	:45
3	**3**
:15	:15
:30	:30
:45	:45
4	**4**
:15	:15
:30	:30
:45	:45
5	**5**
:15	:15
:30	:30
:45	:45
6	**6**
:15	:15
:30	:30
:45	:45
7	**7**
:15	:15
:30	:30
:45	:45
8	**8**
:15	:15
:30	:30
:45	:45

7	**7**
:15	:15
:30	:30
:45	:45
8	**8**
:15	:15
:30	:30
:45	:45
9	**9**
:15	:15
:30	:30
:45	:45
10	**10**
:15	:15
:30	:30
:45	:45
11	**11**
:15	:15
:30	:30
:45	:45
12	**12**
:15	:15
:30	:30
:45	:45
1	**1**
:15	:15
:30	:30
:45	:45
2	**2**
:15	:15
:30	:30
:45	:45
3	**3**
:15	:15
:30	:30
:45	:45
4	**4**
:15	:15
:30	:30
:45	:45
5	**5**
:15	:15
:30	:30
:45	:45
6	**6**
:15	:15
:30	:30
:45	:45
7	**7**
:15	:15
:30	:30
:45	:45
8	**8**
:15	:15
:30	:30
:45	:45

7	**7**
:15	:15
:30	:30
:45	:45
8	**8**
:15	:15
:30	:30
:45	:45
9	**9**
:15	:15
:30	:30
:45	:45
10	**10**
:15	:15
:30	:30
:45	:45
11	**11**
:15	:15
:30	:30
:45	:45
12	**12**
:15	:15
:30	:30
:45	:45
1	**1**
:15	:15
:30	:30
:45	:45
2	**2**
:15	:15
:30	:30
:45	:45
3	**3**
:15	:15
:30	:30
:45	:45
4	**4**
:15	:15
:30	:30
:45	:45
5	**5**
:15	:15
:30	:30
:45	:45
6	**6**
:15	:15
:30	:30
:45	:45
7	**7**
:15	:15
:30	:30
:45	:45
8	**8**
:15	:15
:30	:30
:45	:45

May 8 (Friday)

7	**7**
:15	:15
:30	:30
:45	:45
8	**8**
:15	:15
:30	:30
:45	:45
9	**9**
:15	:15
:30	:30
:45	:45
10	**10**
:15	:15
:30	:30
:45	:45
11	**11**
:15	:15
:30	:30
:45	:45
12	**12**
:15	:15
:30	:30
:45	:45
1	**1**
:15	:15
:30	:30
:45	:45
2	**2**
:15	:15
:30	:30
:45	:45
3	**3**
:15	:15
:30	:30
:45	:45
4	**4**
:15	:15
:30	:30
:45	:45
5	**5**
:15	:15
:30	:30
:45	:45
6	**6**
:15	:15
:30	:30
:45	:45
7	**7**
:15	:15
:30	:30
:45	:45
8	**8**
:15	:15
:30	:30
:45	:45

7	**7**
:15	:15
:30	:30
:45	:45
8	**8**
:15	:15
:30	:30
:45	:45
9	**9**
:15	:15
:30	:30
:45	:45
10	**10**
:15	:15
:30	:30
:45	:45
11	**11**
:15	:15
:30	:30
:45	:45
12	**12**
:15	:15
:30	:30
:45	:45
1	**1**
:15	:15
:30	:30
:45	:45
2	**2**
:15	:15
:30	:30
:45	:45
3	**3**
:15	:15
:30	:30
:45	:45
4	**4**
:15	:15
:30	:30
:45	:45
5	**5**
:15	:15
:30	:30
:45	:45
6	**6**
:15	:15
:30	:30
:45	:45
7	**7**
:15	:15
:30	:30
:45	:45
8	**8**
:15	:15
:30	:30
:45	:45

May 10 (Sunday)

7	**7**
:15	:15
:30	:30
:45	:45
8	**8**
:15	:15
:30	:30
:45	:45
9	**9**
:15	:15
:30	:30
:45	:45
10	**10**
:15	:15
:30	:30
:45	:45
11	**11**
:15	:15
:30	:30
:45	:45
12	**12**
:15	:15
:30	:30
:45	:45
1	**1**
:15	:15
:30	:30
:45	:45
2	**2**
:15	:15
:30	:30
:45	:45
3	**3**
:15	:15
:30	:30
:45	:45
4	**4**
:15	:15
:30	:30
:45	:45
5	**5**
:15	:15
:30	:30
:45	:45
6	**6**
:15	:15
:30	:30
:45	:45
7	**7**
:15	:15
:30	:30
:45	:45
8	**8**
:15	:15
:30	:30
:45	:45

7	**7**
:15	:15
:30	:30
:45	:45
8	**8**
:15	:15
:30	:30
:45	:45
9	**9**
:15	:15
:30	:30
:45	:45
10	**10**
:15	:15
:30	:30
:45	:45
11	**11**
:15	:15
:30	:30
:45	:45
12	**12**
:15	:15
:30	:30
:45	:45
1	**1**
:15	:15
:30	:30
:45	:45
2	**2**
:15	:15
:30	:30
:45	:45
3	**3**
:15	:15
:30	:30
:45	:45
4	**4**
:15	:15
:30	:30
:45	:45
5	**5**
:15	:15
:30	:30
:45	:45
6	**6**
:15	:15
:30	:30
:45	:45
7	**7**
:15	:15
:30	:30
:45	:45
8	**8**
:15	:15
:30	:30
:45	:45

May 12 (Tuesday)

7	**7**
:15	:15
:30	:30
:45	:45
8	**8**
:15	:15
:30	:30
:45	:45
9	**9**
:15	:15
:30	:30
:45	:45
10	**10**
:15	:15
:30	:30
:45	:45
11	**11**
:15	:15
:30	:30
:45	:45
12	**12**
:15	:15
:30	:30
:45	:45
1	**1**
:15	:15
:30	:30
:45	:45
2	**2**
:15	:15
:30	:30
:45	:45
3	**3**
:15	:15
:30	:30
:45	:45
4	**4**
:15	:15
:30	:30
:45	:45
5	**5**
:15	:15
:30	:30
:45	:45
6	**6**
:15	:15
:30	:30
:45	:45
7	**7**
:15	:15
:30	:30
:45	:45
8	**8**
:15	:15
:30	:30
:45	:45

7	**7**
:15	:15
:30	:30
:45	:45
8	**8**
:15	:15
:30	:30
:45	:45
9	**9**
:15	:15
:30	:30
:45	:45
10	**10**
:15	:15
:30	:30
:45	:45
11	**11**
:15	:15
:30	:30
:45	:45
12	**12**
:15	:15
:30	:30
:45	:45
1	**1**
:15	:15
:30	:30
:45	:45
2	**2**
:15	:15
:30	:30
:45	:45
3	**3**
:15	:15
:30	:30
:45	:45
4	**4**
:15	:15
:30	:30
:45	:45
5	**5**
:15	:15
:30	:30
:45	:45
6	**6**
:15	:15
:30	:30
:45	:45
7	**7**
:15	:15
:30	:30
:45	:45
8	**8**
:15	:15
:30	:30
:45	:45

May 14 (Thursday)

7	**7**
:15	:15
:30	:30
:45	:45
8	**8**
:15	:15
:30	:30
:45	:45
9	**9**
:15	:15
:30	:30
:45	:45
10	**10**
:15	:15
:30	:30
:45	:45
11	**11**
:15	:15
:30	:30
:45	:45
12	**12**
:15	:15
:30	:30
:45	:45
1	**1**
:15	:15
:30	:30
:45	:45
2	**2**
:15	:15
:30	:30
:45	:45
3	**3**
:15	:15
:30	:30
:45	:45
4	**4**
:15	:15
:30	:30
:45	:45
5	**5**
:15	:15
:30	:30
:45	:45
6	**6**
:15	:15
:30	:30
:45	:45
7	**7**
:15	:15
:30	:30
:45	:45
8	**8**
:15	:15
:30	:30
:45	:45

7	**7**
:15	:15
:30	:30
:45	:45
8	**8**
:15	:15
:30	:30
:45	:45
9	**9**
:15	:15
:30	:30
:45	:45
10	**10**
:15	:15
:30	:30
:45	:45
11	**11**
:15	:15
:30	:30
:45	:45
12	**12**
:15	:15
:30	:30
:45	:45
1	**1**
:15	:15
:30	:30
:45	:45
2	**2**
:15	:15
:30	:30
:45	:45
3	**3**
:15	:15
:30	:30
:45	:45
4	**4**
:15	:15
:30	:30
:45	:45
5	**5**
:15	:15
:30	:30
:45	:45
6	**6**
:15	:15
:30	:30
:45	:45
7	**7**
:15	:15
:30	:30
:45	:45
8	**8**
:15	:15
:30	:30
:45	:45

May 16 (Saturday)

7	**7**
:15	:15
:30	:30
:45	:45
8	**8**
:15	:15
:30	:30
:45	:45
9	**9**
:15	:15
:30	:30
:45	:45
10	**10**
:15	:15
:30	:30
:45	:45
11	**11**
:15	:15
:30	:30
:45	:45
12	**12**
:15	:15
:30	:30
:45	:45
1	**1**
:15	:15
:30	:30
:45	:45
2	**2**
:15	:15
:30	:30
:45	:45
3	**3**
:15	:15
:30	:30
:45	:45
4	**4**
:15	:15
:30	:30
:45	:45
5	**5**
:15	:15
:30	:30
:45	:45
6	**6**
:15	:15
:30	:30
:45	:45
7	**7**
:15	:15
:30	:30
:45	:45
8	**8**
:15	:15
:30	:30
:45	:45

May 17 (Sunday)

7	**7**
:15	:15
:30	:30
:45	:45
8	**8**
:15	:15
:30	:30
:45	:45
9	**9**
:15	:15
:30	:30
:45	:45
10	**10**
:15	:15
:30	:30
:45	:45
11	**11**
:15	:15
:30	:30
:45	:45
12	**12**
:15	:15
:30	:30
:45	:45
1	**1**
:15	:15
:30	:30
:45	:45
2	**2**
:15	:15
:30	:30
:45	:45
3	**3**
:15	:15
:30	:30
:45	:45
4	**4**
:15	:15
:30	:30
:45	:45
5	**5**
:15	:15
:30	:30
:45	:45
6	**6**
:15	:15
:30	:30
:45	:45
7	**7**
:15	:15
:30	:30
:45	:45
8	**8**
:15	:15
:30	:30
:45	:45

May 18 (Monday)

7	**7**
:15	:15
:30	:30
:45	:45
8	**8**
:15	:15
:30	:30
:45	:45
9	**9**
:15	:15
:30	:30
:45	:45
10	**10**
:15	:15
:30	:30
:45	:45
11	**11**
:15	:15
:30	:30
:45	:45
12	**12**
:15	:15
:30	:30
:45	:45
1	**1**
:15	:15
:30	:30
:45	:45
2	**2**
:15	:15
:30	:30
:45	:45
3	**3**
:15	:15
:30	:30
:45	:45
4	**4**
:15	:15
:30	:30
:45	:45
5	**5**
:15	:15
:30	:30
:45	:45
6	**6**
:15	:15
:30	:30
:45	:45
7	**7**
:15	:15
:30	:30
:45	:45
8	**8**
:15	:15
:30	:30
:45	:45

7		7	
:15		:15	
:30		:30	
:45		:45	
8		8	
:15		:15	
:30		:30	
:45		:45	
9		9	
:15		:15	
:30		:30	
:45		:45	
10		10	
:15		:15	
:30		:30	
:45		:45	
11		11	
:15		:15	
:30		:30	
:45		:45	
12		12	
:15		:15	
:30		:30	
:45		:45	
1		1	
:15		:15	
:30		:30	
:45		:45	
2		2	
:15		:15	
:30		:30	
:45		:45	
3		3	
:15		:15	
:30		:30	
:45		:45	
4		4	
:15		:15	
:30		:30	
:45		:45	
5		5	
:15		:15	
:30		:30	
:45		:45	
6		6	
:15		:15	
:30		:30	
:45		:45	
7		7	
:15		:15	
:30		:30	
:45		:45	
8		8	
:15		:15	
:30		:30	
:45		:45	

May 20 (Wednesday)

7	**7**
:15	:15
:30	:30
:45	:45
8	**8**
:15	:15
:30	:30
:45	:45
9	**9**
:15	:15
:30	:30
:45	:45
10	**10**
:15	:15
:30	:30
:45	:45
11	**11**
:15	:15
:30	:30
:45	:45
12	**12**
:15	:15
:30	:30
:45	:45
1	**1**
:15	:15
:30	:30
:45	:45
2	**2**
:15	:15
:30	:30
:45	:45
3	**3**
:15	:15
:30	:30
:45	:45
4	**4**
:15	:15
:30	:30
:45	:45
5	**5**
:15	:15
:30	:30
:45	:45
6	**6**
:15	:15
:30	:30
:45	:45
7	**7**
:15	:15
:30	:30
:45	:45
8	**8**
:15	:15
:30	:30
:45	:45

7	**7**
:15	:15
:30	:30
:45	:45
8	**8**
:15	:15
:30	:30
:45	:45
9	**9**
:15	:15
:30	:30
:45	:45
10	**10**
:15	:15
:30	:30
:45	:45
11	**11**
:15	:15
:30	:30
:45	:45
12	**12**
:15	:15
:30	:30
:45	:45
1	**1**
:15	:15
:30	:30
:45	:45
2	**2**
:15	:15
:30	:30
:45	:45
3	**3**
:15	:15
:30	:30
:45	:45
4	**4**
:15	:15
:30	:30
:45	:45
5	**5**
:15	:15
:30	:30
:45	:45
6	**6**
:15	:15
:30	:30
:45	:45
7	**7**
:15	:15
:30	:30
:45	:45
8	**8**
:15	:15
:30	:30
:45	:45

May 22 (Friday)

7	**7**
:15	:15
:30	:30
:45	:45
8	**8**
:15	:15
:30	:30
:45	:45
9	**9**
:15	:15
:30	:30
:45	:45
10	**10**
:15	:15
:30	:30
:45	:45
11	**11**
:15	:15
:30	:30
:45	:45
12	**12**
:15	:15
:30	:30
:45	:45
1	**1**
:15	:15
:30	:30
:45	:45
2	**2**
:15	:15
:30	:30
:45	:45
3	**3**
:15	:15
:30	:30
:45	:45
4	**4**
:15	:15
:30	:30
:45	:45
5	**5**
:15	:15
:30	:30
:45	:45
6	**6**
:15	:15
:30	:30
:45	:45
7	**7**
:15	:15
:30	:30
:45	:45
8	**8**
:15	:15
:30	:30
:45	:45

7	**7**
:15	:15
:30	:30
:45	:45
8	**8**
:15	:15
:30	:30
:45	:45
9	**9**
:15	:15
:30	:30
:45	:45
10	**10**
:15	:15
:30	:30
:45	:45
11	**11**
:15	:15
:30	:30
:45	:45
12	**12**
:15	:15
:30	:30
:45	:45
1	**1**
:15	:15
:30	:30
:45	:45
2	**2**
:15	:15
:30	:30
:45	:45
3	**3**
:15	:15
:30	:30
:45	:45
4	**4**
:15	:15
:30	:30
:45	:45
5	**5**
:15	:15
:30	:30
:45	:45
6	**6**
:15	:15
:30	:30
:45	:45
7	**7**
:15	:15
:30	:30
:45	:45
8	**8**
:15	:15
:30	:30
:45	:45

May 24 (Sunday)

7	**7**
:15	:15
:30	:30
:45	:45
8	**8**
:15	:15
:30	:30
:45	:45
9	**9**
:15	:15
:30	:30
:45	:45
10	**10**
:15	:15
:30	:30
:45	:45
11	**11**
:15	:15
:30	:30
:45	:45
12	**12**
:15	:15
:30	:30
:45	:45
1	**1**
:15	:15
:30	:30
:45	:45
2	**2**
:15	:15
:30	:30
:45	:45
3	**3**
:15	:15
:30	:30
:45	:45
4	**4**
:15	:15
:30	:30
:45	:45
5	**5**
:15	:15
:30	:30
:45	:45
6	**6**
:15	:15
:30	:30
:45	:45
7	**7**
:15	:15
:30	:30
:45	:45
8	**8**
:15	:15
:30	:30
:45	:45

Memorial Day

7	**7**
:15	:15
:30	:30
:45	:45
8	**8**
:15	:15
:30	:30
:45	:45
9	**9**
:15	:15
:30	:30
:45	:45
10	**10**
:15	:15
:30	:30
:45	:45
11	**11**
:15	:15
:30	:30
:45	:45
12	**12**
:15	:15
:30	:30
:45	:45
1	**1**
:15	:15
:30	:30
:45	:45
2	**2**
:15	:15
:30	:30
:45	:45
3	**3**
:15	:15
:30	:30
:45	:45
4	**4**
:15	:15
:30	:30
:45	:45
5	**5**
:15	:15
:30	:30
:45	:45
6	**6**
:15	:15
:30	:30
:45	:45
7	**7**
:15	:15
:30	:30
:45	:45
8	**8**
:15	:15
:30	:30
:45	:45

May 26 (Tuesday)

7	**7**
:15	:15
:30	:30
:45	:45
8	**8**
:15	:15
:30	:30
:45	:45
9	**9**
:15	:15
:30	:30
:45	:45
10	**10**
:15	:15
:30	:30
:45	:45
11	**11**
:15	:15
:30	:30
:45	:45
12	**12**
:15	:15
:30	:30
:45	:45
1	**1**
:15	:15
:30	:30
:45	:45
2	**2**
:15	:15
:30	:30
:45	:45
3	**3**
:15	:15
:30	:30
:45	:45
4	**4**
:15	:15
:30	:30
:45	:45
5	**5**
:15	:15
:30	:30
:45	:45
6	**6**
:15	:15
:30	:30
:45	:45
7	**7**
:15	:15
:30	:30
:45	:45
8	**8**
:15	:15
:30	:30
:45	:45

7	**7**
:15	:15
:30	:30
:45	:45
8	**8**
:15	:15
:30	:30
:45	:45
9	**9**
:15	:15
:30	:30
:45	:45
10	**10**
:15	:15
:30	:30
:45	:45
11	**11**
:15	:15
:30	:30
:45	:45
12	**12**
:15	:15
:30	:30
:45	:45
1	**1**
:15	:15
:30	:30
:45	:45
2	**2**
:15	:15
:30	:30
:45	:45
3	**3**
:15	:15
:30	:30
:45	:45
4	**4**
:15	:15
:30	:30
:45	:45
5	**5**
:15	:15
:30	:30
:45	:45
6	**6**
:15	:15
:30	:30
:45	:45
7	**7**
:15	:15
:30	:30
:45	:45
8	**8**
:15	:15
:30	:30
:45	:45

May 28 (Thursday)

7	**7**
:15	:15
:30	:30
:45	:45
8	**8**
:15	:15
:30	:30
:45	:45
9	**9**
:15	:15
:30	:30
:45	:45
10	**10**
:15	:15
:30	:30
:45	:45
11	**11**
:15	:15
:30	:30
:45	:45
12	**12**
:15	:15
:30	:30
:45	:45
1	**1**
:15	:15
:30	:30
:45	:45
2	**2**
:15	:15
:30	:30
:45	:45
3	**3**
:15	:15
:30	:30
:45	:45
4	**4**
:15	:15
:30	:30
:45	:45
5	**5**
:15	:15
:30	:30
:45	:45
6	**6**
:15	:15
:30	:30
:45	:45
7	**7**
:15	:15
:30	:30
:45	:45
8	**8**
:15	:15
:30	:30
:45	:45

7	**7**
:15	:15
:30	:30
:45	:45
8	**8**
:15	:15
:30	:30
:45	:45
9	**9**
:15	:15
:30	:30
:45	:45
10	**10**
:15	:15
:30	:30
:45	:45
11	**11**
:15	:15
:30	:30
:45	:45
12	**12**
:15	:15
:30	:30
:45	:45
1	**1**
:15	:15
:30	:30
:45	:45
2	**2**
:15	:15
:30	:30
:45	:45
3	**3**
:15	:15
:30	:30
:45	:45
4	**4**
:15	:15
:30	:30
:45	:45
5	**5**
:15	:15
:30	:30
:45	:45
6	**6**
:15	:15
:30	:30
:45	:45
7	**7**
:15	:15
:30	:30
:45	:45
8	**8**
:15	:15
:30	:30
:45	:45

7		7	
:15		:15	
:30		:30	
:45		:45	
8		8	
:15		:15	
:30		:30	
:45		:45	
9		9	
:15		:15	
:30		:30	
:45		:45	
10		10	
:15		:15	
:30		:30	
:45		:45	
11		11	
:15		:15	
:30		:30	
:45		:45	
12		12	
:15		:15	
:30		:30	
:45		:45	
1		1	
:15		:15	
:30		:30	
:45		:45	
2		2	
:15		:15	
:30		:30	
:45		:45	
3		3	
:15		:15	
:30		:30	
:45		:45	
4		4	
:15		:15	
:30		:30	
:45		:45	
5		5	
:15		:15	
:30		:30	
:45		:45	
6		6	
:15		:15	
:30		:30	
:45		:45	
7		7	
:15		:15	
:30		:30	
:45		:45	
8		8	
:15		:15	
:30		:30	
:45		:45	

7	**7**
:15	:15
:30	:30
:45	:45
8	**8**
:15	:15
:30	:30
:45	:45
9	**9**
:15	:15
:30	:30
:45	:45
10	**10**
:15	:15
:30	:30
:45	:45
11	**11**
:15	:15
:30	:30
:45	:45
12	**12**
:15	:15
:30	:30
:45	:45
1	**1**
:15	:15
:30	:30
:45	:45
2	**2**
:15	:15
:30	:30
:45	:45
3	**3**
:15	:15
:30	:30
:45	:45
4	**4**
:15	:15
:30	:30
:45	:45
5	**5**
:15	:15
:30	:30
:45	:45
6	**6**
:15	:15
:30	:30
:45	:45
7	**7**
:15	:15
:30	:30
:45	:45
8	**8**
:15	:15
:30	:30
:45	:45

June 1 (Monday)

153/213

7	**7**
:15	:15
:30	:30
:45	:45
8	**8**
:15	:15
:30	:30
:45	:45
9	**9**
:15	:15
:30	:30
:45	:45
10	**10**
:15	:15
:30	:30
:45	:45
11	**11**
:15	:15
:30	:30
:45	:45
12	**12**
:15	:15
:30	:30
:45	:45
1	**1**
:15	:15
:30	:30
:45	:45
2	**2**
:15	:15
:30	:30
:45	:45
3	**3**
:15	:15
:30	:30
:45	:45
4	**4**
:15	:15
:30	:30
:45	:45
5	**5**
:15	:15
:30	:30
:45	:45
6	**6**
:15	:15
:30	:30
:45	:45
7	**7**
:15	:15
:30	:30
:45	:45
8	**8**
:15	:15
:30	:30
:45	:45

7	**7**
:15	:15
:30	:30
:45	:45
8	**8**
:15	:15
:30	:30
:45	:45
9	**9**
:15	:15
:30	:30
:45	:45
10	**10**
:15	:15
:30	:30
:45	:45
11	**11**
:15	:15
:30	:30
:45	:45
12	**12**
:15	:15
:30	:30
:45	:45
1	**1**
:15	:15
:30	:30
:45	:45
2	**2**
:15	:15
:30	:30
:45	:45
3	**3**
:15	:15
:30	:30
:45	:45
4	**4**
:15	:15
:30	:30
:45	:45
5	**5**
:15	:15
:30	:30
:45	:45
6	**6**
:15	:15
:30	:30
:45	:45
7	**7**
:15	:15
:30	:30
:45	:45
8	**8**
:15	:15
:30	:30
:45	:45

June 3 (Wednesday)

155/211

7	**7**
:15	:15
:30	:30
:45	:45
8	**8**
:15	:15
:30	:30
:45	:45
9	**9**
:15	:15
:30	:30
:45	:45
10	**10**
:15	:15
:30	:30
:45	:45
11	**11**
:15	:15
:30	:30
:45	:45
12	**12**
:15	:15
:30	:30
:45	:45
1	**1**
:15	:15
:30	:30
:45	:45
2	**2**
:15	:15
:30	:30
:45	:45
3	**3**
:15	:15
:30	:30
:45	:45
4	**4**
:15	:15
:30	:30
:45	:45
5	**5**
:15	:15
:30	:30
:45	:45
6	**6**
:15	:15
:30	:30
:45	:45
7	**7**
:15	:15
:30	:30
:45	:45
8	**8**
:15	:15
:30	:30
:45	:45

7	**7**
:15	:15
:30	:30
:45	:45
8	**8**
:15	:15
:30	:30
:45	:45
9	**9**
:15	:15
:30	:30
:45	:45
10	**10**
:15	:15
:30	:30
:45	:45
11	**11**
:15	:15
:30	:30
:45	:45
12	**12**
:15	:15
:30	:30
:45	:45
1	**1**
:15	:15
:30	:30
:45	:45
2	**2**
:15	:15
:30	:30
:45	:45
3	**3**
:15	:15
:30	:30
:45	:45
4	**4**
:15	:15
:30	:30
:45	:45
5	**5**
:15	:15
:30	:30
:45	:45
6	**6**
:15	:15
:30	:30
:45	:45
7	**7**
:15	:15
:30	:30
:45	:45
8	**8**
:15	:15
:30	:30
:45	:45

June 5 (Friday)

7	**7**
:15	:15
:30	:30
:45	:45
8	**8**
:15	:15
:30	:30
:45	:45
9	**9**
:15	:15
:30	:30
:45	:45
10	**10**
:15	:15
:30	:30
:45	:45
11	**11**
:15	:15
:30	:30
:45	:45
12	**12**
:15	:15
:30	:30
:45	:45
1	**1**
:15	:15
:30	:30
:45	:45
2	**2**
:15	:15
:30	:30
:45	:45
3	**3**
:15	:15
:30	:30
:45	:45
4	**4**
:15	:15
:30	:30
:45	:45
5	**5**
:15	:15
:30	:30
:45	:45
6	**6**
:15	:15
:30	:30
:45	:45
7	**7**
:15	:15
:30	:30
:45	:45
8	**8**
:15	:15
:30	:30
:45	:45

7	**7**
:15	:15
:30	:30
:45	:45
8	**8**
:15	:15
:30	:30
:45	:45
9	**9**
:15	:15
:30	:30
:45	:45
10	**10**
:15	:15
:30	:30
:45	:45
11	**11**
:15	:15
:30	:30
:45	:45
12	**12**
:15	:15
:30	:30
:45	:45
1	**1**
:15	:15
:30	:30
:45	:45
2	**2**
:15	:15
:30	:30
:45	:45
3	**3**
:15	:15
:30	:30
:45	:45
4	**4**
:15	:15
:30	:30
:45	:45
5	**5**
:15	:15
:30	:30
:45	:45
6	**6**
:15	:15
:30	:30
:45	:45
7	**7**
:15	:15
:30	:30
:45	:45
8	**8**
:15	:15
:30	:30
:45	:45

June 7 (Sunday)

7	**7**
:15	:15
:30	:30
:45	:45
8	**8**
:15	:15
:30	:30
:45	:45
9	**9**
:15	:15
:30	:30
:45	:45
10	**10**
:15	:15
:30	:30
:45	:45
11	**11**
:15	:15
:30	:30
:45	:45
12	**12**
:15	:15
:30	:30
:45	:45
1	**1**
:15	:15
:30	:30
:45	:45
2	**2**
:15	:15
:30	:30
:45	:45
3	**3**
:15	:15
:30	:30
:45	:45
4	**4**
:15	:15
:30	:30
:45	:45
5	**5**
:15	:15
:30	:30
:45	:45
6	**6**
:15	:15
:30	:30
:45	:45
7	**7**
:15	:15
:30	:30
:45	:45
8	**8**
:15	:15
:30	:30
:45	:45

7	**7**
:15	:15
:30	:30
:45	:45
8	**8**
:15	:15
:30	:30
:45	:45
9	**9**
:15	:15
:30	:30
:45	:45
10	**10**
:15	:15
:30	:30
:45	:45
11	**11**
:15	:15
:30	:30
:45	:45
12	**12**
:15	:15
:30	:30
:45	:45
1	**1**
:15	:15
:30	:30
:45	:45
2	**2**
:15	:15
:30	:30
:45	:45
3	**3**
:15	:15
:30	:30
:45	:45
4	**4**
:15	:15
:30	:30
:45	:45
5	**5**
:15	:15
:30	:30
:45	:45
6	**6**
:15	:15
:30	:30
:45	:45
7	**7**
:15	:15
:30	:30
:45	:45
8	**8**
:15	:15
:30	:30
:45	:45

June 9 (Tuesday)

7	**7**
:15	:15
:30	:30
:45	:45
8	**8**
:15	:15
:30	:30
:45	:45
9	**9**
:15	:15
:30	:30
:45	:45
10	**10**
:15	:15
:30	:30
:45	:45
11	**11**
:15	:15
:30	:30
:45	:45
12	**12**
:15	:15
:30	:30
:45	:45
1	**1**
:15	:15
:30	:30
:45	:45
2	**2**
:15	:15
:30	:30
:45	:45
3	**3**
:15	:15
:30	:30
:45	:45
4	**4**
:15	:15
:30	:30
:45	:45
5	**5**
:15	:15
:30	:30
:45	:45
6	**6**
:15	:15
:30	:30
:45	:45
7	**7**
:15	:15
:30	:30
:45	:45
8	**8**
:15	:15
:30	:30
:45	:45

June 10 (Wednesday)

7	**7**
:15	:15
:30	:30
:45	:45
8	**8**
:15	:15
:30	:30
:45	:45
9	**9**
:15	:15
:30	:30
:45	:45
10	**10**
:15	:15
:30	:30
:45	:45
11	**11**
:15	:15
:30	:30
:45	:45
12	**12**
:15	:15
:30	:30
:45	:45
1	**1**
:15	:15
:30	:30
:45	:45
2	**2**
:15	:15
:30	:30
:45	:45
3	**3**
:15	:15
:30	:30
:45	:45
4	**4**
:15	:15
:30	:30
:45	:45
5	**5**
:15	:15
:30	:30
:45	:45
6	**6**
:15	:15
:30	:30
:45	:45
7	**7**
:15	:15
:30	:30
:45	:45
8	**8**
:15	:15
:30	:30
:45	:45

June 11 (Thursday)

7	**7**
:15	:15
:30	:30
:45	:45
8	**8**
:15	:15
:30	:30
:45	:45
9	**9**
:15	:15
:30	:30
:45	:45
10	**10**
:15	:15
:30	:30
:45	:45
11	**11**
:15	:15
:30	:30
:45	:45
12	**12**
:15	:15
:30	:30
:45	:45
1	**1**
:15	:15
:30	:30
:45	:45
2	**2**
:15	:15
:30	:30
:45	:45
3	**3**
:15	:15
:30	:30
:45	:45
4	**4**
:15	:15
:30	:30
:45	:45
5	**5**
:15	:15
:30	:30
:45	:45
6	**6**
:15	:15
:30	:30
:45	:45
7	**7**
:15	:15
:30	:30
:45	:45
8	**8**
:15	:15
:30	:30
:45	:45

7	**7**
:15	:15
:30	:30
:45	:45
8	**8**
:15	:15
:30	:30
:45	:45
9	**9**
:15	:15
:30	:30
:45	:45
10	**10**
:15	:15
:30	:30
:45	:45
11	**11**
:15	:15
:30	:30
:45	:45
12	**12**
:15	:15
:30	:30
:45	:45
1	**1**
:15	:15
:30	:30
:45	:45
2	**2**
:15	:15
:30	:30
:45	:45
3	**3**
:15	:15
:30	:30
:45	:45
4	**4**
:15	:15
:30	:30
:45	:45
5	**5**
:15	:15
:30	:30
:45	:45
6	**6**
:15	:15
:30	:30
:45	:45
7	**7**
:15	:15
:30	:30
:45	:45
8	**8**
:15	:15
:30	:30
:45	:45

June 13 (Saturday)

7	**7**
:15	:15
:30	:30
:45	:45
8	**8**
:15	:15
:30	:30
:45	:45
9	**9**
:15	:15
:30	:30
:45	:45
10	**10**
:15	:15
:30	:30
:45	:45
11	**11**
:15	:15
:30	:30
:45	:45
12	**12**
:15	:15
:30	:30
:45	:45
1	**1**
:15	:15
:30	:30
:45	:45
2	**2**
:15	:15
:30	:30
:45	:45
3	**3**
:15	:15
:30	:30
:45	:45
4	**4**
:15	:15
:30	:30
:45	:45
5	**5**
:15	:15
:30	:30
:45	:45
6	**6**
:15	:15
:30	:30
:45	:45
7	**7**
:15	:15
:30	:30
:45	:45
8	**8**
:15	:15
:30	:30
:45	:45

June 14 (Sunday)

7	**7**
:15	:15
:30	:30
:45	:45
8	**8**
:15	:15
:30	:30
:45	:45
9	**9**
:15	:15
:30	:30
:45	:45
10	**10**
:15	:15
:30	:30
:45	:45
11	**11**
:15	:15
:30	:30
:45	:45
12	**12**
:15	:15
:30	:30
:45	:45
1	**1**
:15	:15
:30	:30
:45	:45
2	**2**
:15	:15
:30	:30
:45	:45
3	**3**
:15	:15
:30	:30
:45	:45
4	**4**
:15	:15
:30	:30
:45	:45
5	**5**
:15	:15
:30	:30
:45	:45
6	**6**
:15	:15
:30	:30
:45	:45
7	**7**
:15	:15
:30	:30
:45	:45
8	**8**
:15	:15
:30	:30
:45	:45

7		**7**	
:15		:15	
:30		:30	
:45		:45	
8		**8**	
:15		:15	
:30		:30	
:45		:45	
9		**9**	
:15		:15	
:30		:30	
:45		:45	
10		**10**	
:15		:15	
:30		:30	
:45		:45	
11		**11**	
:15		:15	
:30		:30	
:45		:45	
12		**12**	
:15		:15	
:30		:30	
:45		:45	
1		**1**	
:15		:15	
:30		:30	
:45		:45	
2		**2**	
:15		:15	
:30		:30	
:45		:45	
3		**3**	
:15		:15	
:30		:30	
:45		:45	
4		**4**	
:15		:15	
:30		:30	
:45		:45	
5		**5**	
:15		:15	
:30		:30	
:45		:45	
6		**6**	
:15		:15	
:30		:30	
:45		:45	
7		**7**	
:15		:15	
:30		:30	
:45		:45	
8		**8**	
:15		:15	
:30		:30	
:45		:45	

7	**7**
:15	:15
:30	:30
:45	:45
8	**8**
:15	:15
:30	:30
:45	:45
9	**9**
:15	:15
:30	:30
:45	:45
10	**10**
:15	:15
:30	:30
:45	:45
11	**11**
:15	:15
:30	:30
:45	:45
12	**12**
:15	:15
:30	:30
:45	:45
1	**1**
:15	:15
:30	:30
:45	:45
2	**2**
:15	:15
:30	:30
:45	:45
3	**3**
:15	:15
:30	:30
:45	:45
4	**4**
:15	:15
:30	:30
:45	:45
5	**5**
:15	:15
:30	:30
:45	:45
6	**6**
:15	:15
:30	:30
:45	:45
7	**7**
:15	:15
:30	:30
:45	:45
8	**8**
:15	:15
:30	:30
:45	:45

June 17 (Wednesday)

7	**7**
:15	:15
:30	:30
:45	:45
8	**8**
:15	:15
:30	:30
:45	:45
9	**9**
:15	:15
:30	:30
:45	:45
10	**10**
:15	:15
:30	:30
:45	:45
11	**11**
:15	:15
:30	:30
:45	:45
12	**12**
:15	:15
:30	:30
:45	:45
1	**1**
:15	:15
:30	:30
:45	:45
2	**2**
:15	:15
:30	:30
:45	:45
3	**3**
:15	:15
:30	:30
:45	:45
4	**4**
:15	:15
:30	:30
:45	:45
5	**5**
:15	:15
:30	:30
:45	:45
6	**6**
:15	:15
:30	:30
:45	:45
7	**7**
:15	:15
:30	:30
:45	:45
8	**8**
:15	:15
:30	:30
:45	:45

7	**7**
:15	:15
:30	:30
:45	:45
8	**8**
:15	:15
:30	:30
:45	:45
9	**9**
:15	:15
:30	:30
:45	:45
10	**10**
:15	:15
:30	:30
:45	:45
11	**11**
:15	:15
:30	:30
:45	:45
12	**12**
:15	:15
:30	:30
:45	:45
1	**1**
:15	:15
:30	:30
:45	:45
2	**2**
:15	:15
:30	:30
:45	:45
3	**3**
:15	:15
:30	:30
:45	:45
4	**4**
:15	:15
:30	:30
:45	:45
5	**5**
:15	:15
:30	:30
:45	:45
6	**6**
:15	:15
:30	:30
:45	:45
7	**7**
:15	:15
:30	:30
:45	:45
8	**8**
:15	:15
:30	:30
:45	:45

June 19 (Friday)

7	**7**
:15	:15
:30	:30
:45	:45
8	**8**
:15	:15
:30	:30
:45	:45
9	**9**
:15	:15
:30	:30
:45	:45
10	**10**
:15	:15
:30	:30
:45	:45
11	**11**
:15	:15
:30	:30
:45	:45
12	**12**
:15	:15
:30	:30
:45	:45
1	**1**
:15	:15
:30	:30
:45	:45
2	**2**
:15	:15
:30	:30
:45	:45
3	**3**
:15	:15
:30	:30
:45	:45
4	**4**
:15	:15
:30	:30
:45	:45
5	**5**
:15	:15
:30	:30
:45	:45
6	**6**
:15	:15
:30	:30
:45	:45
7	**7**
:15	:15
:30	:30
:45	:45
8	**8**
:15	:15
:30	:30
:45	:45

7	7
:15	:15
:30	:30
:45	:45
8	8
:15	:15
:30	:30
:45	:45
9	9
:15	:15
:30	:30
:45	:45
10	10
:15	:15
:30	:30
:45	:45
11	11
:15	:15
:30	:30
:45	:45
12	12
:15	:15
:30	:30
:45	:45
1	1
:15	:15
:30	:30
:45	:45
2	2
:15	:15
:30	:30
:45	:45
3	3
:15	:15
:30	:30
:45	:45
4	4
:15	:15
:30	:30
:45	:45
5	5
:15	:15
:30	:30
:45	:45
6	6
:15	:15
:30	:30
:45	:45
7	7
:15	:15
:30	:30
:45	:45
8	8
:15	:15
:30	:30
:45	:45

June 21 (Sunday)

7	**7**
:15	:15
:30	:30
:45	:45
8	**8**
:15	:15
:30	:30
:45	:45
9	**9**
:15	:15
:30	:30
:45	:45
10	**10**
:15	:15
:30	:30
:45	:45
11	**11**
:15	:15
:30	:30
:45	:45
12	**12**
:15	:15
:30	:30
:45	:45
1	**1**
:15	:15
:30	:30
:45	:45
2	**2**
:15	:15
:30	:30
:45	:45
3	**3**
:15	:15
:30	:30
:45	:45
4	**4**
:15	:15
:30	:30
:45	:45
5	**5**
:15	:15
:30	:30
:45	:45
6	**6**
:15	:15
:30	:30
:45	:45
7	**7**
:15	:15
:30	:30
:45	:45
8	**8**
:15	:15
:30	:30
:45	:45

7	**7**
:15	:15
:30	:30
:45	:45
8	**8**
:15	:15
:30	:30
:45	:45
9	**9**
:15	:15
:30	:30
:45	:45
10	**10**
:15	:15
:30	:30
:45	:45
11	**11**
:15	:15
:30	:30
:45	:45
12	**12**
:15	:15
:30	:30
:45	:45
1	**1**
:15	:15
:30	:30
:45	:45
2	**2**
:15	:15
:30	:30
:45	:45
3	**3**
:15	:15
:30	:30
:45	:45
4	**4**
:15	:15
:30	:30
:45	:45
5	**5**
:15	:15
:30	:30
:45	:45
6	**6**
:15	:15
:30	:30
:45	:45
7	**7**
:15	:15
:30	:30
:45	:45
8	**8**
:15	:15
:30	:30
:45	:45

June 23 (Tuesday)

7	**7**
:15	:15
:30	:30
:45	:45
8	**8**
:15	:15
:30	:30
:45	:45
9	**9**
:15	:15
:30	:30
:45	:45
10	**10**
:15	:15
:30	:30
:45	:45
11	**11**
:15	:15
:30	:30
:45	:45
12	**12**
:15	:15
:30	:30
:45	:45
1	**1**
:15	:15
:30	:30
:45	:45
2	**2**
:15	:15
:30	:30
:45	:45
3	**3**
:15	:15
:30	:30
:45	:45
4	**4**
:15	:15
:30	:30
:45	:45
5	**5**
:15	:15
:30	:30
:45	:45
6	**6**
:15	:15
:30	:30
:45	:45
7	**7**
:15	:15
:30	:30
:45	:45
8	**8**
:15	:15
:30	:30
:45	:45

7	**7**
:15	:15
:30	:30
:45	:45
8	**8**
:15	:15
:30	:30
:45	:45
9	**9**
:15	:15
:30	:30
:45	:45
10	**10**
:15	:15
:30	:30
:45	:45
11	**11**
:15	:15
:30	:30
:45	:45
12	**12**
:15	:15
:30	:30
:45	:45
1	**1**
:15	:15
:30	:30
:45	:45
2	**2**
:15	:15
:30	:30
:45	:45
3	**3**
:15	:15
:30	:30
:45	:45
4	**4**
:15	:15
:30	:30
:45	:45
5	**5**
:15	:15
:30	:30
:45	:45
6	**6**
:15	:15
:30	:30
:45	:45
7	**7**
:15	:15
:30	:30
:45	:45
8	**8**
:15	:15
:30	:30
:45	:45

June 25 (Thursday)

7	**7**
:15	:15
:30	:30
:45	:45
8	**8**
:15	:15
:30	:30
:45	:45
9	**9**
:15	:15
:30	:30
:45	:45
10	**10**
:15	:15
:30	:30
:45	:45
11	**11**
:15	:15
:30	:30
:45	:45
12	**12**
:15	:15
:30	:30
:45	:45
1	**1**
:15	:15
:30	:30
:45	:45
2	**2**
:15	:15
:30	:30
:45	:45
3	**3**
:15	:15
:30	:30
:45	:45
4	**4**
:15	:15
:30	:30
:45	:45
5	**5**
:15	:15
:30	:30
:45	:45
6	**6**
:15	:15
:30	:30
:45	:45
7	**7**
:15	:15
:30	:30
:45	:45
8	**8**
:15	:15
:30	:30
:45	:45

7	**7**
:15	:15
:30	:30
:45	:45
8	**8**
:15	:15
:30	:30
:45	:45
9	**9**
:15	:15
:30	:30
:45	:45
10	**10**
:15	:15
:30	:30
:45	:45
11	**11**
:15	:15
:30	:30
:45	:45
12	**12**
:15	:15
:30	:30
:45	:45
1	**1**
:15	:15
:30	:30
:45	:45
2	**2**
:15	:15
:30	:30
:45	:45
3	**3**
:15	:15
:30	:30
:45	:45
4	**4**
:15	:15
:30	:30
:45	:45
5	**5**
:15	:15
:30	:30
:45	:45
6	**6**
:15	:15
:30	:30
:45	:45
7	**7**
:15	:15
:30	:30
:45	:45
8	**8**
:15	:15
:30	:30
:45	:45

June 27 (Saturday)

7	**7**
:15	:15
:30	:30
:45	:45
8	**8**
:15	:15
:30	:30
:45	:45
9	**9**
:15	:15
:30	:30
:45	:45
10	**10**
:15	:15
:30	:30
:45	:45
11	**11**
:15	:15
:30	:30
:45	:45
12	**12**
:15	:15
:30	:30
:45	:45
1	**1**
:15	:15
:30	:30
:45	:45
2	**2**
:15	:15
:30	:30
:45	:45
3	**3**
:15	:15
:30	:30
:45	:45
4	**4**
:15	:15
:30	:30
:45	:45
5	**5**
:15	:15
:30	:30
:45	:45
6	**6**
:15	:15
:30	:30
:45	:45
7	**7**
:15	:15
:30	:30
:45	:45
8	**8**
:15	:15
:30	:30
:45	:45

7	**7**
:15	:15
:30	:30
:45	:45
8	**8**
:15	:15
:30	:30
:45	:45
9	**9**
:15	:15
:30	:30
:45	:45
10	**10**
:15	:15
:30	:30
:45	:45
11	**11**
:15	:15
:30	:30
:45	:45
12	**12**
:15	:15
:30	:30
:45	:45
1	**1**
:15	:15
:30	:30
:45	:45
2	**2**
:15	:15
:30	:30
:45	:45
3	**3**
:15	:15
:30	:30
:45	:45
4	**4**
:15	:15
:30	:30
:45	:45
5	**5**
:15	:15
:30	:30
:45	:45
6	**6**
:15	:15
:30	:30
:45	:45
7	**7**
:15	:15
:30	:30
:45	:45
8	**8**
:15	:15
:30	:30
:45	:45

June 29 (Monday)

7	**7**
:15	:15
:30	:30
:45	:45
8	**8**
:15	:15
:30	:30
:45	:45
9	**9**
:15	:15
:30	:30
:45	:45
10	**10**
:15	:15
:30	:30
:45	:45
11	**11**
:15	:15
:30	:30
:45	:45
12	**12**
:15	:15
:30	:30
:45	:45
1	**1**
:15	:15
:30	:30
:45	:45
2	**2**
:15	:15
:30	:30
:45	:45
3	**3**
:15	:15
:30	:30
:45	:45
4	**4**
:15	:15
:30	:30
:45	:45
5	**5**
:15	:15
:30	:30
:45	:45
6	**6**
:15	:15
:30	:30
:45	:45
7	**7**
:15	:15
:30	:30
:45	:45
8	**8**
:15	:15
:30	:30
:45	:45

June 30 (Tuesday)

7	**7**
:15	:15
:30	:30
:45	:45
8	**8**
:15	:15
:30	:30
:45	:45
9	**9**
:15	:15
:30	:30
:45	:45
10	**10**
:15	:15
:30	:30
:45	:45
11	**11**
:15	:15
:30	:30
:45	:45
12	**12**
:15	:15
:30	:30
:45	:45
1	**1**
:15	:15
:30	:30
:45	:45
2	**2**
:15	:15
:30	:30
:45	:45
3	**3**
:15	:15
:30	:30
:45	:45
4	**4**
:15	:15
:30	:30
:45	:45
5	**5**
:15	:15
:30	:30
:45	:45
6	**6**
:15	:15
:30	:30
:45	:45
7	**7**
:15	:15
:30	:30
:45	:45
8	**8**
:15	:15
:30	:30
:45	:45

July 1 (Wednesday)

7	**7**
:15	:15
:30	:30
:45	:45
8	**8**
:15	:15
:30	:30
:45	:45
9	**9**
:15	:15
:30	:30
:45	:45
10	**10**
:15	:15
:30	:30
:45	:45
11	**11**
:15	:15
:30	:30
:45	:45
12	**12**
:15	:15
:30	:30
:45	:45
1	**1**
:15	:15
:30	:30
:45	:45
2	**2**
:15	:15
:30	:30
:45	:45
3	**3**
:15	:15
:30	:30
:45	:45
4	**4**
:15	:15
:30	:30
:45	:45
5	**5**
:15	:15
:30	:30
:45	:45
6	**6**
:15	:15
:30	:30
:45	:45
7	**7**
:15	:15
:30	:30
:45	:45
8	**8**
:15	:15
:30	:30
:45	:45

7	**7**
:15	:15
:30	:30
:45	:45
8	**8**
:15	:15
:30	:30
:45	:45
9	**9**
:15	:15
:30	:30
:45	:45
10	**10**
:15	:15
:30	:30
:45	:45
11	**11**
:15	:15
:30	:30
:45	:45
12	**12**
:15	:15
:30	:30
:45	:45
1	**1**
:15	:15
:30	:30
:45	:45
2	**2**
:15	:15
:30	:30
:45	:45
3	**3**
:15	:15
:30	:30
:45	:45
4	**4**
:15	:15
:30	:30
:45	:45
5	**5**
:15	:15
:30	:30
:45	:45
6	**6**
:15	:15
:30	:30
:45	:45
7	**7**
:15	:15
:30	:30
:45	:45
8	**8**
:15	:15
:30	:30
:45	:45

July 3 (Friday)

7	**7**
:15	:15
:30	:30
:45	:45
8	**8**
:15	:15
:30	:30
:45	:45
9	**9**
:15	:15
:30	:30
:45	:45
10	**10**
:15	:15
:30	:30
:45	:45
11	**11**
:15	:15
:30	:30
:45	:45
12	**12**
:15	:15
:30	:30
:45	:45
1	**1**
:15	:15
:30	:30
:45	:45
2	**2**
:15	:15
:30	:30
:45	:45
3	**3**
:15	:15
:30	:30
:45	:45
4	**4**
:15	:15
:30	:30
:45	:45
5	**5**
:15	:15
:30	:30
:45	:45
6	**6**
:15	:15
:30	:30
:45	:45
7	**7**
:15	:15
:30	:30
:45	:45
8	**8**
:15	:15
:30	:30
:45	:45

7		7	
:15		:15	
:30		:30	
:45		:45	
8		8	
:15		:15	
:30		:30	
:45		:45	
9		9	
:15		:15	
:30		:30	
:45		:45	
10		10	
:15		:15	
:30		:30	
:45		:45	
11		11	
:15		:15	
:30		:30	
:45		:45	
12		12	
:15		:15	
:30		:30	
:45		:45	
1		1	
:15		:15	
:30		:30	
:45		:45	
2		2	
:15		:15	
:30		:30	
:45		:45	
3		3	
:15		:15	
:30		:30	
:45		:45	
4		4	
:15		:15	
:30		:30	
:45		:45	
5		5	
:15		:15	
:30		:30	
:45		:45	
6		6	
:15		:15	
:30		:30	
:45		:45	
7		7	
:15		:15	
:30		:30	
:45		:45	
8		8	
:15		:15	
:30		:30	
:45		:45	

July 5 (Sunday)

187/179

7	**7**
:15	:15
:30	:30
:45	:45
8	**8**
:15	:15
:30	:30
:45	:45
9	**9**
:15	:15
:30	:30
:45	:45
10	**10**
:15	:15
:30	:30
:45	:45
11	**11**
:15	:15
:30	:30
:45	:45
12	**12**
:15	:15
:30	:30
:45	:45
1	**1**
:15	:15
:30	:30
:45	:45
2	**2**
:15	:15
:30	:30
:45	:45
3	**3**
:15	:15
:30	:30
:45	:45
4	**4**
:15	:15
:30	:30
:45	:45
5	**5**
:15	:15
:30	:30
:45	:45
6	**6**
:15	:15
:30	:30
:45	:45
7	**7**
:15	:15
:30	:30
:45	:45
8	**8**
:15	:15
:30	:30
:45	:45

July 6 (Monday)

7	**7**
:15	:15
:30	:30
:45	:45
8	**8**
:15	:15
:30	:30
:45	:45
9	**9**
:15	:15
:30	:30
:45	:45
10	**10**
:15	:15
:30	:30
:45	:45
11	**11**
:15	:15
:30	:30
:45	:45
12	**12**
:15	:15
:30	:30
:45	:45
1	**1**
:15	:15
:30	:30
:45	:45
2	**2**
:15	:15
:30	:30
:45	:45
3	**3**
:15	:15
:30	:30
:45	:45
4	**4**
:15	:15
:30	:30
:45	:45
5	**5**
:15	:15
:30	:30
:45	:45
6	**6**
:15	:15
:30	:30
:45	:45
7	**7**
:15	:15
:30	:30
:45	:45
8	**8**
:15	:15
:30	:30
:45	:45

July 7 (Tuesday)

189/177

7	**7**
:15	:15
:30	:30
:45	:45
8	**8**
:15	:15
:30	:30
:45	:45
9	**9**
:15	:15
:30	:30
:45	:45
10	**10**
:15	:15
:30	:30
:45	:45
11	**11**
:15	:15
:30	:30
:45	:45
12	**12**
:15	:15
:30	:30
:45	:45
1	**1**
:15	:15
:30	:30
:45	:45
2	**2**
:15	:15
:30	:30
:45	:45
3	**3**
:15	:15
:30	:30
:45	:45
4	**4**
:15	:15
:30	:30
:45	:45
5	**5**
:15	:15
:30	:30
:45	:45
6	**6**
:15	:15
:30	:30
:45	:45
7	**7**
:15	:15
:30	:30
:45	:45
8	**8**
:15	:15
:30	:30
:45	:45

7	**7**
:15	:15
:30	:30
:45	:45
8	**8**
:15	:15
:30	:30
:45	:45
9	**9**
:15	:15
:30	:30
:45	:45
10	**10**
:15	:15
:30	:30
:45	:45
11	**11**
:15	:15
:30	:30
:45	:45
12	**12**
:15	:15
:30	:30
:45	:45
1	**1**
:15	:15
:30	:30
:45	:45
2	**2**
:15	:15
:30	:30
:45	:45
3	**3**
:15	:15
:30	:30
:45	:45
4	**4**
:15	:15
:30	:30
:45	:45
5	**5**
:15	:15
:30	:30
:45	:45
6	**6**
:15	:15
:30	:30
:45	:45
7	**7**
:15	:15
:30	:30
:45	:45
8	**8**
:15	:15
:30	:30
:45	:45

7	**7**
:15	:15
:30	:30
:45	:45
8	**8**
:15	:15
:30	:30
:45	:45
9	**9**
:15	:15
:30	:30
:45	:45
10	**10**
:15	:15
:30	:30
:45	:45
11	**11**
:15	:15
:30	:30
:45	:45
12	**12**
:15	:15
:30	:30
:45	:45
1	**1**
:15	:15
:30	:30
:45	:45
2	**2**
:15	:15
:30	:30
:45	:45
3	**3**
:15	:15
:30	:30
:45	:45
4	**4**
:15	:15
:30	:30
:45	:45
5	**5**
:15	:15
:30	:30
:45	:45
6	**6**
:15	:15
:30	:30
:45	:45
7	**7**
:15	:15
:30	:30
:45	:45
8	**8**
:15	:15
:30	:30
:45	:45

7	**7**
:15	:15
:30	:30
:45	:45
8	**8**
:15	:15
:30	:30
:45	:45
9	**9**
:15	:15
:30	:30
:45	:45
10	**10**
:15	:15
:30	:30
:45	:45
11	**11**
:15	:15
:30	:30
:45	:45
12	**12**
:15	:15
:30	:30
:45	:45
1	**1**
:15	:15
:30	:30
:45	:45
2	**2**
:15	:15
:30	:30
:45	:45
3	**3**
:15	:15
:30	:30
:45	:45
4	**4**
:15	:15
:30	:30
:45	:45
5	**5**
:15	:15
:30	:30
:45	:45
6	**6**
:15	:15
:30	:30
:45	:45
7	**7**
:15	:15
:30	:30
:45	:45
8	**8**
:15	:15
:30	:30
:45	:45

July 11 (Saturday) 193/173

7	**7**
:15	:15
:30	:30
:45	:45
8	**8**
:15	:15
:30	:30
:45	:45
9	**9**
:15	:15
:30	:30
:45	:45
10	**10**
:15	:15
:30	:30
:45	:45
11	**11**
:15	:15
:30	:30
:45	:45
12	**12**
:15	:15
:30	:30
:45	:45
1	**1**
:15	:15
:30	:30
:45	:45
2	**2**
:15	:15
:30	:30
:45	:45
3	**3**
:15	:15
:30	:30
:45	:45
4	**4**
:15	:15
:30	:30
:45	:45
5	**5**
:15	:15
:30	:30
:45	:45
6	**6**
:15	:15
:30	:30
:45	:45
7	**7**
:15	:15
:30	:30
:45	:45
8	**8**
:15	:15
:30	:30
:45	:45

7	**7**
:15	:15
:30	:30
:45	:45
8	**8**
:15	:15
:30	:30
:45	:45
9	**9**
:15	:15
:30	:30
:45	:45
10	**10**
:15	:15
:30	:30
:45	:45
11	**11**
:15	:15
:30	:30
:45	:45
12	**12**
:15	:15
:30	:30
:45	:45
1	**1**
:15	:15
:30	:30
:45	:45
2	**2**
:15	:15
:30	:30
:45	:45
3	**3**
:15	:15
:30	:30
:45	:45
4	**4**
:15	:15
:30	:30
:45	:45
5	**5**
:15	:15
:30	:30
:45	:45
6	**6**
:15	:15
:30	:30
:45	:45
7	**7**
:15	:15
:30	:30
:45	:45
8	**8**
:15	:15
:30	:30
:45	:45

July 13 (Monday)

195/171

7	**7**
:15	:15
:30	:30
:45	:45
8	**8**
:15	:15
:30	:30
:45	:45
9	**9**
:15	:15
:30	:30
:45	:45
10	**10**
:15	:15
:30	:30
:45	:45
11	**11**
:15	:15
:30	:30
:45	:45
12	**12**
:15	:15
:30	:30
:45	:45
1	**1**
:15	:15
:30	:30
:45	:45
2	**2**
:15	:15
:30	:30
:45	:45
3	**3**
:15	:15
:30	:30
:45	:45
4	**4**
:15	:15
:30	:30
:45	:45
5	**5**
:15	:15
:30	:30
:45	:45
6	**6**
:15	:15
:30	:30
:45	:45
7	**7**
:15	:15
:30	:30
:45	:45
8	**8**
:15	:15
:30	:30
:45	:45

7	**7**
:15	:15
:30	:30
:45	:45
8	**8**
:15	:15
:30	:30
:45	:45
9	**9**
:15	:15
:30	:30
:45	:45
10	**10**
:15	:15
:30	:30
:45	:45
11	**11**
:15	:15
:30	:30
:45	:45
12	**12**
:15	:15
:30	:30
:45	:45
1	**1**
:15	:15
:30	:30
:45	:45
2	**2**
:15	:15
:30	:30
:45	:45
3	**3**
:15	:15
:30	:30
:45	:45
4	**4**
:15	:15
:30	:30
:45	:45
5	**5**
:15	:15
:30	:30
:45	:45
6	**6**
:15	:15
:30	:30
:45	:45
7	**7**
:15	:15
:30	:30
:45	:45
8	**8**
:15	:15
:30	:30
:45	:45

7	**7**
:15	:15
:30	:30
:45	:45
8	**8**
:15	:15
:30	:30
:45	:45
9	**9**
:15	:15
:30	:30
:45	:45
10	**10**
:15	:15
:30	:30
:45	:45
11	**11**
:15	:15
:30	:30
:45	:45
12	**12**
:15	:15
:30	:30
:45	:45
1	**1**
:15	:15
:30	:30
:45	:45
2	**2**
:15	:15
:30	:30
:45	:45
3	**3**
:15	:15
:30	:30
:45	:45
4	**4**
:15	:15
:30	:30
:45	:45
5	**5**
:15	:15
:30	:30
:45	:45
6	**6**
:15	:15
:30	:30
:45	:45
7	**7**
:15	:15
:30	:30
:45	:45
8	**8**
:15	:15
:30	:30
:45	:45

July 16 (Thursday)

7		7	
:15		:15	
:30		:30	
:45		:45	
8		8	
:15		:15	
:30		:30	
:45		:45	
9		9	
:15		:15	
:30		:30	
:45		:45	
10		10	
:15		:15	
:30		:30	
:45		:45	
11		11	
:15		:15	
:30		:30	
:45		:45	
12		12	
:15		:15	
:30		:30	
:45		:45	
1		1	
:15		:15	
:30		:30	
:45		:45	
2		2	
:15		:15	
:30		:30	
:45		:45	
3		3	
:15		:15	
:30		:30	
:45		:45	
4		4	
:15		:15	
:30		:30	
:45		:45	
5		5	
:15		:15	
:30		:30	
:45		:45	
6		6	
:15		:15	
:30		:30	
:45		:45	
7		7	
:15		:15	
:30		:30	
:45		:45	
8		8	
:15		:15	
:30		:30	
:45		:45	

July 17 (Friday)

199/167

7	**7**
:15	:15
:30	:30
:45	:45
8	**8**
:15	:15
:30	:30
:45	:45
9	**9**
:15	:15
:30	:30
:45	:45
10	**10**
:15	:15
:30	:30
:45	:45
11	**11**
:15	:15
:30	:30
:45	:45
12	**12**
:15	:15
:30	:30
:45	:45
1	**1**
:15	:15
:30	:30
:45	:45
2	**2**
:15	:15
:30	:30
:45	:45
3	**3**
:15	:15
:30	:30
:45	:45
4	**4**
:15	:15
:30	:30
:45	:45
5	**5**
:15	:15
:30	:30
:45	:45
6	**6**
:15	:15
:30	:30
:45	:45
7	**7**
:15	:15
:30	:30
:45	:45
8	**8**
:15	:15
:30	:30
:45	:45

7	**7**
:15	:15
:30	:30
:45	:45
8	**8**
:15	:15
:30	:30
:45	:45
9	**9**
:15	:15
:30	:30
:45	:45
10	**10**
:15	:15
:30	:30
:45	:45
11	**11**
:15	:15
:30	:30
:45	:45
12	**12**
:15	:15
:30	:30
:45	:45
1	**1**
:15	:15
:30	:30
:45	:45
2	**2**
:15	:15
:30	:30
:45	:45
3	**3**
:15	:15
:30	:30
:45	:45
4	**4**
:15	:15
:30	:30
:45	:45
5	**5**
:15	:15
:30	:30
:45	:45
6	**6**
:15	:15
:30	:30
:45	:45
7	**7**
:15	:15
:30	:30
:45	:45
8	**8**
:15	:15
:30	:30
:45	:45

July 19 (Sunday)

7	7
:15	:15
:30	:30
:45	:45
8	8
:15	:15
:30	:30
:45	:45
9	9
:15	:15
:30	:30
:45	:45
10	10
:15	:15
:30	:30
:45	:45
11	11
:15	:15
:30	:30
:45	:45
12	12
:15	:15
:30	:30
:45	:45
1	1
:15	:15
:30	:30
:45	:45
2	2
:15	:15
:30	:30
:45	:45
3	3
:15	:15
:30	:30
:45	:45
4	4
:15	:15
:30	:30
:45	:45
5	5
:15	:15
:30	:30
:45	:45
6	6
:15	:15
:30	:30
:45	:45
7	7
:15	:15
:30	:30
:45	:45
8	8
:15	:15
:30	:30
:45	:45

7	**7**
:15	:15
:30	:30
:45	:45
8	**8**
:15	:15
:30	:30
:45	:45
9	**9**
:15	:15
:30	:30
:45	:45
10	**10**
:15	:15
:30	:30
:45	:45
11	**11**
:15	:15
:30	:30
:45	:45
12	**12**
:15	:15
:30	:30
:45	:45
1	**1**
:15	:15
:30	:30
:45	:45
2	**2**
:15	:15
:30	:30
:45	:45
3	**3**
:15	:15
:30	:30
:45	:45
4	**4**
:15	:15
:30	:30
:45	:45
5	**5**
:15	:15
:30	:30
:45	:45
6	**6**
:15	:15
:30	:30
:45	:45
7	**7**
:15	:15
:30	:30
:45	:45
8	**8**
:15	:15
:30	:30
:45	:45

July 21 (Tuesday)

203/163

7	7
:15	:15
:30	:30
:45	:45
8	8
:15	:15
:30	:30
:45	:45
9	9
:15	:15
:30	:30
:45	:45
10	10
:15	:15
:30	:30
:45	:45
11	11
:15	:15
:30	:30
:45	:45
12	12
:15	:15
:30	:30
:45	:45
1	1
:15	:15
:30	:30
:45	:45
2	2
:15	:15
:30	:30
:45	:45
3	3
:15	:15
:30	:30
:45	:45
4	4
:15	:15
:30	:30
:45	:45
5	5
:15	:15
:30	:30
:45	:45
6	6
:15	:15
:30	:30
:45	:45
7	7
:15	:15
:30	:30
:45	:45
8	8
:15	:15
:30	:30
:45	:45

7	**7**
:15	:15
:30	:30
:45	:45
8	**8**
:15	:15
:30	:30
:45	:45
9	**9**
:15	:15
:30	:30
:45	:45
10	**10**
:15	:15
:30	:30
:45	:45
11	**11**
:15	:15
:30	:30
:45	:45
12	**12**
:15	:15
:30	:30
:45	:45
1	**1**
:15	:15
:30	:30
:45	:45
2	**2**
:15	:15
:30	:30
:45	:45
3	**3**
:15	:15
:30	:30
:45	:45
4	**4**
:15	:15
:30	:30
:45	:45
5	**5**
:15	:15
:30	:30
:45	:45
6	**6**
:15	:15
:30	:30
:45	:45
7	**7**
:15	:15
:30	:30
:45	:45
8	**8**
:15	:15
:30	:30
:45	:45

July 23 (Thursday)

7	**7**
:15	:15
:30	:30
:45	:45
8	**8**
:15	:15
:30	:30
:45	:45
9	**9**
:15	:15
:30	:30
:45	:45
10	**10**
:15	:15
:30	:30
:45	:45
11	**11**
:15	:15
:30	:30
:45	:45
12	**12**
:15	:15
:30	:30
:45	:45
1	**1**
:15	:15
:30	:30
:45	:45
2	**2**
:15	:15
:30	:30
:45	:45
3	**3**
:15	:15
:30	:30
:45	:45
4	**4**
:15	:15
:30	:30
:45	:45
5	**5**
:15	:15
:30	:30
:45	:45
6	**6**
:15	:15
:30	:30
:45	:45
7	**7**
:15	:15
:30	:30
:45	:45
8	**8**
:15	:15
:30	:30
:45	:45

7	**7**
:15	:15
:30	:30
:45	:45
8	**8**
:15	:15
:30	:30
:45	:45
9	**9**
:15	:15
:30	:30
:45	:45
10	**10**
:15	:15
:30	:30
:45	:45
11	**11**
:15	:15
:30	:30
:45	:45
12	**12**
:15	:15
:30	:30
:45	:45
1	**1**
:15	:15
:30	:30
:45	:45
2	**2**
:15	:15
:30	:30
:45	:45
3	**3**
:15	:15
:30	:30
:45	:45
4	**4**
:15	:15
:30	:30
:45	:45
5	**5**
:15	:15
:30	:30
:45	:45
6	**6**
:15	:15
:30	:30
:45	:45
7	**7**
:15	:15
:30	:30
:45	:45
8	**8**
:15	:15
:30	:30
:45	:45

July 25 (Saturday)

7	**7**
:15	:15
:30	:30
:45	:45
8	**8**
:15	:15
:30	:30
:45	:45
9	**9**
:15	:15
:30	:30
:45	:45
10	**10**
:15	:15
:30	:30
:45	:45
11	**11**
:15	:15
:30	:30
:45	:45
12	**12**
:15	:15
:30	:30
:45	:45
1	**1**
:15	:15
:30	:30
:45	:45
2	**2**
:15	:15
:30	:30
:45	:45
3	**3**
:15	:15
:30	:30
:45	:45
4	**4**
:15	:15
:30	:30
:45	:45
5	**5**
:15	:15
:30	:30
:45	:45
6	**6**
:15	:15
:30	:30
:45	:45
7	**7**
:15	:15
:30	:30
:45	:45
8	**8**
:15	:15
:30	:30
:45	:45

7	**7**
:15	:15
:30	:30
:45	:45
8	**8**
:15	:15
:30	:30
:45	:45
9	**9**
:15	:15
:30	:30
:45	:45
10	**10**
:15	:15
:30	:30
:45	:45
11	**11**
:15	:15
:30	:30
:45	:45
12	**12**
:15	:15
:30	:30
:45	:45
1	**1**
:15	:15
:30	:30
:45	:45
2	**2**
:15	:15
:30	:30
:45	:45
3	**3**
:15	:15
:30	:30
:45	:45
4	**4**
:15	:15
:30	:30
:45	:45
5	**5**
:15	:15
:30	:30
:45	:45
6	**6**
:15	:15
:30	:30
:45	:45
7	**7**
:15	:15
:30	:30
:45	:45
8	**8**
:15	:15
:30	:30
:45	:45

July 27 (Monday)

209/157

7	**7**
:15	:15
:30	:30
:45	:45
8	**8**
:15	:15
:30	:30
:45	:45
9	**9**
:15	:15
:30	:30
:45	:45
10	**10**
:15	:15
:30	:30
:45	:45
11	**11**
:15	:15
:30	:30
:45	:45
12	**12**
:15	:15
:30	:30
:45	:45
1	**1**
:15	:15
:30	:30
:45	:45
2	**2**
:15	:15
:30	:30
:45	:45
3	**3**
:15	:15
:30	:30
:45	:45
4	**4**
:15	:15
:30	:30
:45	:45
5	**5**
:15	:15
:30	:30
:45	:45
6	**6**
:15	:15
:30	:30
:45	:45
7	**7**
:15	:15
:30	:30
:45	:45
8	**8**
:15	:15
:30	:30
:45	:45

7	**7**
:15	:15
:30	:30
:45	:45
8	**8**
:15	:15
:30	:30
:45	:45
9	**9**
:15	:15
:30	:30
:45	:45
10	**10**
:15	:15
:30	:30
:45	:45
11	**11**
:15	:15
:30	:30
:45	:45
12	**12**
:15	:15
:30	:30
:45	:45
1	**1**
:15	:15
:30	:30
:45	:45
2	**2**
:15	:15
:30	:30
:45	:45
3	**3**
:15	:15
:30	:30
:45	:45
4	**4**
:15	:15
:30	:30
:45	:45
5	**5**
:15	:15
:30	:30
:45	:45
6	**6**
:15	:15
:30	:30
:45	:45
7	**7**
:15	:15
:30	:30
:45	:45
8	**8**
:15	:15
:30	:30
:45	:45

July 29 (Wednesday)

7	**7**
:15	:15
:30	:30
:45	:45
8	**8**
:15	:15
:30	:30
:45	:45
9	**9**
:15	:15
:30	:30
:45	:45
10	**10**
:15	:15
:30	:30
:45	:45
11	**11**
:15	:15
:30	:30
:45	:45
12	**12**
:15	:15
:30	:30
:45	:45
1	**1**
:15	:15
:30	:30
:45	:45
2	**2**
:15	:15
:30	:30
:45	:45
3	**3**
:15	:15
:30	:30
:45	:45
4	**4**
:15	:15
:30	:30
:45	:45
5	**5**
:15	:15
:30	:30
:45	:45
6	**6**
:15	:15
:30	:30
:45	:45
7	**7**
:15	:15
:30	:30
:45	:45
8	**8**
:15	:15
:30	:30
:45	:45

7	**7**
:15	:15
:30	:30
:45	:45
8	**8**
:15	:15
:30	:30
:45	:45
9	**9**
:15	:15
:30	:30
:45	:45
10	**10**
:15	:15
:30	:30
:45	:45
11	**11**
:15	:15
:30	:30
:45	:45
12	**12**
:15	:15
:30	:30
:45	:45
1	**1**
:15	:15
:30	:30
:45	:45
2	**2**
:15	:15
:30	:30
:45	:45
3	**3**
:15	:15
:30	:30
:45	:45
4	**4**
:15	:15
:30	:30
:45	:45
5	**5**
:15	:15
:30	:30
:45	:45
6	**6**
:15	:15
:30	:30
:45	:45
7	**7**
:15	:15
:30	:30
:45	:45
8	**8**
:15	:15
:30	:30
:45	:45

July 31 (Friday)

7	**7**
:15	:15
:30	:30
:45	:45
8	**8**
:15	:15
:30	:30
:45	:45
9	**9**
:15	:15
:30	:30
:45	:45
10	**10**
:15	:15
:30	:30
:45	:45
11	**11**
:15	:15
:30	:30
:45	:45
12	**12**
:15	:15
:30	:30
:45	:45
1	**1**
:15	:15
:30	:30
:45	:45
2	**2**
:15	:15
:30	:30
:45	:45
3	**3**
:15	:15
:30	:30
:45	:45
4	**4**
:15	:15
:30	:30
:45	:45
5	**5**
:15	:15
:30	:30
:45	:45
6	**6**
:15	:15
:30	:30
:45	:45
7	**7**
:15	:15
:30	:30
:45	:45
8	**8**
:15	:15
:30	:30
:45	:45

August 1 (Saturday)

7	**7**
:15	:15
:30	:30
:45	:45
8	**8**
:15	:15
:30	:30
:45	:45
9	**9**
:15	:15
:30	:30
:45	:45
10	**10**
:15	:15
:30	:30
:45	:45
11	**11**
:15	:15
:30	:30
:45	:45
12	**12**
:15	:15
:30	:30
:45	:45
1	**1**
:15	:15
:30	:30
:45	:45
2	**2**
:15	:15
:30	:30
:45	:45
3	**3**
:15	:15
:30	:30
:45	:45
4	**4**
:15	:15
:30	:30
:45	:45
5	**5**
:15	:15
:30	:30
:45	:45
6	**6**
:15	:15
:30	:30
:45	:45
7	**7**
:15	:15
:30	:30
:45	:45
8	**8**
:15	:15
:30	:30
:45	:45

7		**7**
:15		:15
:30		:30
:45		:45
8		**8**
:15		:15
:30		:30
:45		:45
9		**9**
:15		:15
:30		:30
:45		:45
10		**10**
:15		:15
:30		:30
:45		:45
11		**11**
:15		:15
:30		:30
:45		:45
12		**12**
:15		:15
:30		:30
:45		:45
1		**1**
:15		:15
:30		:30
:45		:45
2		**2**
:15		:15
:30		:30
:45		:45
3		**3**
:15		:15
:30		:30
:45		:45
4		**4**
:15		:15
:30		:30
:45		:45
5		**5**
:15		:15
:30		:30
:45		:45
6		**6**
:15		:15
:30		:30
:45		:45
7		**7**
:15		:15
:30		:30
:45		:45
8		**8**
:15		:15
:30		:30
:45		:45

7	**7**
:15	:15
:30	:30
:45	:45
8	**8**
:15	:15
:30	:30
:45	:45
9	**9**
:15	:15
:30	:30
:45	:45
10	**10**
:15	:15
:30	:30
:45	:45
11	**11**
:15	:15
:30	:30
:45	:45
12	**12**
:15	:15
:30	:30
:45	:45
1	**1**
:15	:15
:30	:30
:45	:45
2	**2**
:15	:15
:30	:30
:45	:45
3	**3**
:15	:15
:30	:30
:45	:45
4	**4**
:15	:15
:30	:30
:45	:45
5	**5**
:15	:15
:30	:30
:45	:45
6	**6**
:15	:15
:30	:30
:45	:45
7	**7**
:15	:15
:30	:30
:45	:45
8	**8**
:15	:15
:30	:30
:45	:45

August 4 (Tuesday)

7	**7**
:15	:15
:30	:30
:45	:45
8	**8**
:15	:15
:30	:30
:45	:45
9	**9**
:15	:15
:30	:30
:45	:45
10	**10**
:15	:15
:30	:30
:45	:45
11	**11**
:15	:15
:30	:30
:45	:45
12	**12**
:15	:15
:30	:30
:45	:45
1	**1**
:15	:15
:30	:30
:45	:45
2	**2**
:15	:15
:30	:30
:45	:45
3	**3**
:15	:15
:30	:30
:45	:45
4	**4**
:15	:15
:30	:30
:45	:45
5	**5**
:15	:15
:30	:30
:45	:45
6	**6**
:15	:15
:30	:30
:45	:45
7	**7**
:15	:15
:30	:30
:45	:45
8	**8**
:15	:15
:30	:30
:45	:45

7	**7**
:15	:15
:30	:30
:45	:45
8	**8**
:15	:15
:30	:30
:45	:45
9	**9**
:15	:15
:30	:30
:45	:45
10	**10**
:15	:15
:30	:30
:45	:45
11	**11**
:15	:15
:30	:30
:45	:45
12	**12**
:15	:15
:30	:30
:45	:45
1	**1**
:15	:15
:30	:30
:45	:45
2	**2**
:15	:15
:30	:30
:45	:45
3	**3**
:15	:15
:30	:30
:45	:45
4	**4**
:15	:15
:30	:30
:45	:45
5	**5**
:15	:15
:30	:30
:45	:45
6	**6**
:15	:15
:30	:30
:45	:45
7	**7**
:15	:15
:30	:30
:45	:45
8	**8**
:15	:15
:30	:30
:45	:45

August 6 (Thursday)

7	**7**
:15	:15
:30	:30
:45	:45
8	**8**
:15	:15
:30	:30
:45	:45
9	**9**
:15	:15
:30	:30
:45	:45
10	**10**
:15	:15
:30	:30
:45	:45
11	**11**
:15	:15
:30	:30
:45	:45
12	**12**
:15	:15
:30	:30
:45	:45
1	**1**
:15	:15
:30	:30
:45	:45
2	**2**
:15	:15
:30	:30
:45	:45
3	**3**
:15	:15
:30	:30
:45	:45
4	**4**
:15	:15
:30	:30
:45	:45
5	**5**
:15	:15
:30	:30
:45	:45
6	**6**
:15	:15
:30	:30
:45	:45
7	**7**
:15	:15
:30	:30
:45	:45
8	**8**
:15	:15
:30	:30
:45	:45

7	**7**
:15	:15
:30	:30
:45	:45
8	**8**
:15	:15
:30	:30
:45	:45
9	**9**
:15	:15
:30	:30
:45	:45
10	**10**
:15	:15
:30	:30
:45	:45
11	**11**
:15	:15
:30	:30
:45	:45
12	**12**
:15	:15
:30	:30
:45	:45
1	**1**
:15	:15
:30	:30
:45	:45
2	**2**
:15	:15
:30	:30
:45	:45
3	**3**
:15	:15
:30	:30
:45	:45
4	**4**
:15	:15
:30	:30
:45	:45
5	**5**
:15	:15
:30	:30
:45	:45
6	**6**
:15	:15
:30	:30
:45	:45
7	**7**
:15	:15
:30	:30
:45	:45
8	**8**
:15	:15
:30	:30
:45	:45

August 8 (Saturday)

7	**7**
:15	:15
:30	:30
:45	:45
8	**8**
:15	:15
:30	:30
:45	:45
9	**9**
:15	:15
:30	:30
:45	:45
10	**10**
:15	:15
:30	:30
:45	:45
11	**11**
:15	:15
:30	:30
:45	:45
12	**12**
:15	:15
:30	:30
:45	:45
1	**1**
:15	:15
:30	:30
:45	:45
2	**2**
:15	:15
:30	:30
:45	:45
3	**3**
:15	:15
:30	:30
:45	:45
4	**4**
:15	:15
:30	:30
:45	:45
5	**5**
:15	:15
:30	:30
:45	:45
6	**6**
:15	:15
:30	:30
:45	:45
7	**7**
:15	:15
:30	:30
:45	:45
8	**8**
:15	:15
:30	:30
:45	:45

August 9 (Sunday)

7	**7**
:15	:15
:30	:30
:45	:45
8	**8**
:15	:15
:30	:30
:45	:45
9	**9**
:15	:15
:30	:30
:45	:45
10	**10**
:15	:15
:30	:30
:45	:45
11	**11**
:15	:15
:30	:30
:45	:45
12	**12**
:15	:15
:30	:30
:45	:45
1	**1**
:15	:15
:30	:30
:45	:45
2	**2**
:15	:15
:30	:30
:45	:45
3	**3**
:15	:15
:30	:30
:45	:45
4	**4**
:15	:15
:30	:30
:45	:45
5	**5**
:15	:15
:30	:30
:45	:45
6	**6**
:15	:15
:30	:30
:45	:45
7	**7**
:15	:15
:30	:30
:45	:45
8	**8**
:15	:15
:30	:30
:45	:45

7	**7**
:15	:15
:30	:30
:45	:45
8	**8**
:15	:15
:30	:30
:45	:45
9	**9**
:15	:15
:30	:30
:45	:45
10	**10**
:15	:15
:30	:30
:45	:45
11	**11**
:15	:15
:30	:30
:45	:45
12	**12**
:15	:15
:30	:30
:45	:45
1	**1**
:15	:15
:30	:30
:45	:45
2	**2**
:15	:15
:30	:30
:45	:45
3	**3**
:15	:15
:30	:30
:45	:45
4	**4**
:15	:15
:30	:30
:45	:45
5	**5**
:15	:15
:30	:30
:45	:45
6	**6**
:15	:15
:30	:30
:45	:45
7	**7**
:15	:15
:30	:30
:45	:45
8	**8**
:15	:15
:30	:30
:45	:45

7	**7**
:15	:15
:30	:30
:45	:45
8	**8**
:15	:15
:30	:30
:45	:45
9	**9**
:15	:15
:30	:30
:45	:45
10	**10**
:15	:15
:30	:30
:45	:45
11	**11**
:15	:15
:30	:30
:45	:45
12	**12**
:15	:15
:30	:30
:45	:45
1	**1**
:15	:15
:30	:30
:45	:45
2	**2**
:15	:15
:30	:30
:45	:45
3	**3**
:15	:15
:30	:30
:45	:45
4	**4**
:15	:15
:30	:30
:45	:45
5	**5**
:15	:15
:30	:30
:45	:45
6	**6**
:15	:15
:30	:30
:45	:45
7	**7**
:15	:15
:30	:30
:45	:45
8	**8**
:15	:15
:30	:30
:45	:45

August 12 (Wednesday)

225/141

7	**7**
:15	:15
:30	:30
:45	:45
8	**8**
:15	:15
:30	:30
:45	:45
9	**9**
:15	:15
:30	:30
:45	:45
10	**10**
:15	:15
:30	:30
:45	:45
11	**11**
:15	:15
:30	:30
:45	:45
12	**12**
:15	:15
:30	:30
:45	:45
1	**1**
:15	:15
:30	:30
:45	:45
2	**2**
:15	:15
:30	:30
:45	:45
3	**3**
:15	:15
:30	:30
:45	:45
4	**4**
:15	:15
:30	:30
:45	:45
5	**5**
:15	:15
:30	:30
:45	:45
6	**6**
:15	:15
:30	:30
:45	:45
7	**7**
:15	:15
:30	:30
:45	:45
8	**8**
:15	:15
:30	:30
:45	:45

7	**7**
:15	:15
:30	:30
:45	:45
8	**8**
:15	:15
:30	:30
:45	:45
9	**9**
:15	:15
:30	:30
:45	:45
10	**10**
:15	:15
:30	:30
:45	:45
11	**11**
:15	:15
:30	:30
:45	:45
12	**12**
:15	:15
:30	:30
:45	:45
1	**1**
:15	:15
:30	:30
:45	:45
2	**2**
:15	:15
:30	:30
:45	:45
3	**3**
:15	:15
:30	:30
:45	:45
4	**4**
:15	:15
:30	:30
:45	:45
5	**5**
:15	:15
:30	:30
:45	:45
6	**6**
:15	:15
:30	:30
:45	:45
7	**7**
:15	:15
:30	:30
:45	:45
8	**8**
:15	:15
:30	:30
:45	:45

August 14 (Friday)

7	**7**
:15	:15
:30	:30
:45	:45
8	**8**
:15	:15
:30	:30
:45	:45
9	**9**
:15	:15
:30	:30
:45	:45
10	**10**
:15	:15
:30	:30
:45	:45
11	**11**
:15	:15
:30	:30
:45	:45
12	**12**
:15	:15
:30	:30
:45	:45
1	**1**
:15	:15
:30	:30
:45	:45
2	**2**
:15	:15
:30	:30
:45	:45
3	**3**
:15	:15
:30	:30
:45	:45
4	**4**
:15	:15
:30	:30
:45	:45
5	**5**
:15	:15
:30	:30
:45	:45
6	**6**
:15	:15
:30	:30
:45	:45
7	**7**
:15	:15
:30	:30
:45	:45
8	**8**
:15	:15
:30	:30
:45	:45

7	**7**
:15	:15
:30	:30
:45	:45
8	**8**
:15	:15
:30	:30
:45	:45
9	**9**
:15	:15
:30	:30
:45	:45
10	**10**
:15	:15
:30	:30
:45	:45
11	**11**
:15	:15
:30	:30
:45	:45
12	**12**
:15	:15
:30	:30
:45	:45
1	**1**
:15	:15
:30	:30
:45	:45
2	**2**
:15	:15
:30	:30
:45	:45
3	**3**
:15	:15
:30	:30
:45	:45
4	**4**
:15	:15
:30	:30
:45	:45
5	**5**
:15	:15
:30	:30
:45	:45
6	**6**
:15	:15
:30	:30
:45	:45
7	**7**
:15	:15
:30	:30
:45	:45
8	**8**
:15	:15
:30	:30
:45	:45

August 16 (Sunday)

229/137

7	**7**
:15	:15
:30	:30
:45	:45
8	**8**
:15	:15
:30	:30
:45	:45
9	**9**
:15	:15
:30	:30
:45	:45
10	**10**
:15	:15
:30	:30
:45	:45
11	**11**
:15	:15
:30	:30
:45	:45
12	**12**
:15	:15
:30	:30
:45	:45
1	**1**
:15	:15
:30	:30
:45	:45
2	**2**
:15	:15
:30	:30
:45	:45
3	**3**
:15	:15
:30	:30
:45	:45
4	**4**
:15	:15
:30	:30
:45	:45
5	**5**
:15	:15
:30	:30
:45	:45
6	**6**
:15	:15
:30	:30
:45	:45
7	**7**
:15	:15
:30	:30
:45	:45
8	**8**
:15	:15
:30	:30
:45	:45

7	**7**
:15	:15
:30	:30
:45	:45
8	**8**
:15	:15
:30	:30
:45	:45
9	**9**
:15	:15
:30	:30
:45	:45
10	**10**
:15	:15
:30	:30
:45	:45
11	**11**
:15	:15
:30	:30
:45	:45
12	**12**
:15	:15
:30	:30
:45	:45
1	**1**
:15	:15
:30	:30
:45	:45
2	**2**
:15	:15
:30	:30
:45	:45
3	**3**
:15	:15
:30	:30
:45	:45
4	**4**
:15	:15
:30	:30
:45	:45
5	**5**
:15	:15
:30	:30
:45	:45
6	**6**
:15	:15
:30	:30
:45	:45
7	**7**
:15	:15
:30	:30
:45	:45
8	**8**
:15	:15
:30	:30
:45	:45

August 22 (Saturday)

235/131

7	**7**
:15	:15
:30	:30
:45	:45
8	**8**
:15	:15
:30	:30
:45	:45
9	**9**
:15	:15
:30	:30
:45	:45
10	**10**
:15	:15
:30	:30
:45	:45
11	**11**
:15	:15
:30	:30
:45	:45
12	**12**
:15	:15
:30	:30
:45	:45
1	**1**
:15	:15
:30	:30
:45	:45
2	**2**
:15	:15
:30	:30
:45	:45
3	**3**
:15	:15
:30	:30
:45	:45
4	**4**
:15	:15
:30	:30
:45	:45
5	**5**
:15	:15
:30	:30
:45	:45
6	**6**
:15	:15
:30	:30
:45	:45
7	**7**
:15	:15
:30	:30
:45	:45
8	**8**
:15	:15
:30	:30
:45	:45

7	**7**
:15	:15
:30	:30
:45	:45
8	**8**
:15	:15
:30	:30
:45	:45
9	**9**
:15	:15
:30	:30
:45	:45
10	**10**
:15	:15
:30	:30
:45	:45
11	**11**
:15	:15
:30	:30
:45	:45
12	**12**
:15	:15
:30	:30
:45	:45
1	**1**
:15	:15
:30	:30
:45	:45
2	**2**
:15	:15
:30	:30
:45	:45
3	**3**
:15	:15
:30	:30
:45	:45
4	**4**
:15	:15
:30	:30
:45	:45
5	**5**
:15	:15
:30	:30
:45	:45
6	**6**
:15	:15
:30	:30
:45	:45
7	**7**
:15	:15
:30	:30
:45	:45
8	**8**
:15	:15
:30	:30
:45	:45

August 24 (Monday)

7	**7**
:15	:15
:30	:30
:45	:45
8	**8**
:15	:15
:30	:30
:45	:45
9	**9**
:15	:15
:30	:30
:45	:45
10	**10**
:15	:15
:30	:30
:45	:45
11	**11**
:15	:15
:30	:30
:45	:45
12	**12**
:15	:15
:30	:30
:45	:45
1	**1**
:15	:15
:30	:30
:45	:45
2	**2**
:15	:15
:30	:30
:45	:45
3	**3**
:15	:15
:30	:30
:45	:45
4	**4**
:15	:15
:30	:30
:45	:45
5	**5**
:15	:15
:30	:30
:45	:45
6	**6**
:15	:15
:30	:30
:45	:45
7	**7**
:15	:15
:30	:30
:45	:45
8	**8**
:15	:15
:30	:30
:45	:45

7	**7**
:15	:15
:30	:30
:45	:45
8	**8**
:15	:15
:30	:30
:45	:45
9	**9**
:15	:15
:30	:30
:45	:45
10	**10**
:15	:15
:30	:30
:45	:45
11	**11**
:15	:15
:30	:30
:45	:45
12	**12**
:15	:15
:30	:30
:45	:45
1	**1**
:15	:15
:30	:30
:45	:45
2	**2**
:15	:15
:30	:30
:45	:45
3	**3**
:15	:15
:30	:30
:45	:45
4	**4**
:15	:15
:30	:30
:45	:45
5	**5**
:15	:15
:30	:30
:45	:45
6	**6**
:15	:15
:30	:30
:45	:45
7	**7**
:15	:15
:30	:30
:45	:45
8	**8**
:15	:15
:30	:30
:45	:45

7	**7**
:15	:15
:30	:30
:45	:45
8	**8**
:15	:15
:30	:30
:45	:45
9	**9**
:15	:15
:30	:30
:45	:45
10	**10**
:15	:15
:30	:30
:45	:45
11	**11**
:15	:15
:30	:30
:45	:45
12	**12**
:15	:15
:30	:30
:45	:45
1	**1**
:15	:15
:30	:30
:45	:45
2	**2**
:15	:15
:30	:30
:45	:45
3	**3**
:15	:15
:30	:30
:45	:45
4	**4**
:15	:15
:30	:30
:45	:45
5	**5**
:15	:15
:30	:30
:45	:45
6	**6**
:15	:15
:30	:30
:45	:45
7	**7**
:15	:15
:30	:30
:45	:45
8	**8**
:15	:15
:30	:30
:45	:45

August 27 (Thursday)

7		7	
:15		:15	
:30		:30	
:45		:45	
8		8	
:15		:15	
:30		:30	
:45		:45	
9		9	
:15		:15	
:30		:30	
:45		:45	
10		10	
:15		:15	
:30		:30	
:45		:45	
11		11	
:15		:15	
:30		:30	
:45		:45	
12		12	
:15		:15	
:30		:30	
:45		:45	
1		1	
:15		:15	
:30		:30	
:45		:45	
2		2	
:15		:15	
:30		:30	
:45		:45	
3		3	
:15		:15	
:30		:30	
:45		:45	
4		4	
:15		:15	
:30		:30	
:45		:45	
5		5	
:15		:15	
:30		:30	
:45		:45	
6		6	
:15		:15	
:30		:30	
:45		:45	
7		7	
:15		:15	
:30		:30	
:45		:45	
8		8	
:15		:15	
:30		:30	
:45		:45	

7		7	
:15		:15	
:30		:30	
:45		:45	
8		8	
:15		:15	
:30		:30	
:45		:45	
9		9	
:15		:15	
:30		:30	
:45		:45	
10		10	
:15		:15	
:30		:30	
:45		:45	
11		11	
:15		:15	
:30		:30	
:45		:45	
12		12	
:15		:15	
:30		:30	
:45		:45	
1		1	
:15		:15	
:30		:30	
:45		:45	
2		2	
:15		:15	
:30		:30	
:45		:45	
3		3	
:15		:15	
:30		:30	
:45		:45	
4		4	
:15		:15	
:30		:30	
:45		:45	
5		5	
:15		:15	
:30		:30	
:45		:45	
6		6	
:15		:15	
:30		:30	
:45		:45	
7		7	
:15		:15	
:30		:30	
:45		:45	
8		8	
:15		:15	
:30		:30	
:45		:45	

August 29 (Saturday)

7	**7**
:15	:15
:30	:30
:45	:45
8	**8**
:15	:15
:30	:30
:45	:45
9	**9**
:15	:15
:30	:30
:45	:45
10	**10**
:15	:15
:30	:30
:45	:45
11	**11**
:15	:15
:30	:30
:45	:45
12	**12**
:15	:15
:30	:30
:45	:45
1	**1**
:15	:15
:30	:30
:45	:45
2	**2**
:15	:15
:30	:30
:45	:45
3	**3**
:15	:15
:30	:30
:45	:45
4	**4**
:15	:15
:30	:30
:45	:45
5	**5**
:15	:15
:30	:30
:45	:45
6	**6**
:15	:15
:30	:30
:45	:45
7	**7**
:15	:15
:30	:30
:45	:45
8	**8**
:15	:15
:30	:30
:45	:45

7	**7**
:15	:15
:30	:30
:45	:45
8	**8**
:15	:15
:30	:30
:45	:45
9	**9**
:15	:15
:30	:30
:45	:45
10	**10**
:15	:15
:30	:30
:45	:45
11	**11**
:15	:15
:30	:30
:45	:45
12	**12**
:15	:15
:30	:30
:45	:45
1	**1**
:15	:15
:30	:30
:45	:45
2	**2**
:15	:15
:30	:30
:45	:45
3	**3**
:15	:15
:30	:30
:45	:45
4	**4**
:15	:15
:30	:30
:45	:45
5	**5**
:15	:15
:30	:30
:45	:45
6	**6**
:15	:15
:30	:30
:45	:45
7	**7**
:15	:15
:30	:30
:45	:45
8	**8**
:15	:15
:30	:30
:45	:45

7	**7**
:15	:15
:30	:30
:45	:45
8	**8**
:15	:15
:30	:30
:45	:45
9	**9**
:15	:15
:30	:30
:45	:45
10	**10**
:15	:15
:30	:30
:45	:45
11	**11**
:15	:15
:30	:30
:45	:45
12	**12**
:15	:15
:30	:30
:45	:45
1	**1**
:15	:15
:30	:30
:45	:45
2	**2**
:15	:15
:30	:30
:45	:45
3	**3**
:15	:15
:30	:30
:45	:45
4	**4**
:15	:15
:30	:30
:45	:45
5	**5**
:15	:15
:30	:30
:45	:45
6	**6**
:15	:15
:30	:30
:45	:45
7	**7**
:15	:15
:30	:30
:45	:45
8	**8**
:15	:15
:30	:30
:45	:45

September 1 (Tuesday)

245/121

7	**7**
:15	:15
:30	:30
:45	:45
8	**8**
:15	:15
:30	:30
:45	:45
9	**9**
:15	:15
:30	:30
:45	:45
10	**10**
:15	:15
:30	:30
:45	:45
11	**11**
:15	:15
:30	:30
:45	:45
12	**12**
:15	:15
:30	:30
:45	:45
1	**1**
:15	:15
:30	:30
:45	:45
2	**2**
:15	:15
:30	:30
:45	:45
3	**3**
:15	:15
:30	:30
:45	:45
4	**4**
:15	:15
:30	:30
:45	:45
5	**5**
:15	:15
:30	:30
:45	:45
6	**6**
:15	:15
:30	:30
:45	:45
7	**7**
:15	:15
:30	:30
:45	:45
8	**8**
:15	:15
:30	:30
:45	:45

7	**7**
:15	:15
:30	:30
:45	:45
8	**8**
:15	:15
:30	:30
:45	:45
9	**9**
:15	:15
:30	:30
:45	:45
10	**10**
:15	:15
:30	:30
:45	:45
11	**11**
:15	:15
:30	:30
:45	:45
12	**12**
:15	:15
:30	:30
:45	:45
1	**1**
:15	:15
:30	:30
:45	:45
2	**2**
:15	:15
:30	:30
:45	:45
3	**3**
:15	:15
:30	:30
:45	:45
4	**4**
:15	:15
:30	:30
:45	:45
5	**5**
:15	:15
:30	:30
:45	:45
6	**6**
:15	:15
:30	:30
:45	:45
7	**7**
:15	:15
:30	:30
:45	:45
8	**8**
:15	:15
:30	:30
:45	:45

September 3 (Thursday)

7	**7**
:15	:15
:30	:30
:45	:45
8	**8**
:15	:15
:30	:30
:45	:45
9	**9**
:15	:15
:30	:30
:45	:45
10	**10**
:15	:15
:30	:30
:45	:45
11	**11**
:15	:15
:30	:30
:45	:45
12	**12**
:15	:15
:30	:30
:45	:45
1	**1**
:15	:15
:30	:30
:45	:45
2	**2**
:15	:15
:30	:30
:45	:45
3	**3**
:15	:15
:30	:30
:45	:45
4	**4**
:15	:15
:30	:30
:45	:45
5	**5**
:15	:15
:30	:30
:45	:45
6	**6**
:15	:15
:30	:30
:45	:45
7	**7**
:15	:15
:30	:30
:45	:45
8	**8**
:15	:15
:30	:30
:45	:45

7	**7**
:15	:15
:30	:30
:45	:45
8	**8**
:15	:15
:30	:30
:45	:45
9	**9**
:15	:15
:30	:30
:45	:45
10	**10**
:15	:15
:30	:30
:45	:45
11	**11**
:15	:15
:30	:30
:45	:45
12	**12**
:15	:15
:30	:30
:45	:45
1	**1**
:15	:15
:30	:30
:45	:45
2	**2**
:15	:15
:30	:30
:45	:45
3	**3**
:15	:15
:30	:30
:45	:45
4	**4**
:15	:15
:30	:30
:45	:45
5	**5**
:15	:15
:30	:30
:45	:45
6	**6**
:15	:15
:30	:30
:45	:45
7	**7**
:15	:15
:30	:30
:45	:45
8	**8**
:15	:15
:30	:30
:45	:45

September 5 (Saturday)

7	**7**
:15	:15
:30	:30
:45	:45
8	**8**
:15	:15
:30	:30
:45	:45
9	**9**
:15	:15
:30	:30
:45	:45
10	**10**
:15	:15
:30	:30
:45	:45
11	**11**
:15	:15
:30	:30
:45	:45
12	**12**
:15	:15
:30	:30
:45	:45
1	**1**
:15	:15
:30	:30
:45	:45
2	**2**
:15	:15
:30	:30
:45	:45
3	**3**
:15	:15
:30	:30
:45	:45
4	**4**
:15	:15
:30	:30
:45	:45
5	**5**
:15	:15
:30	:30
:45	:45
6	**6**
:15	:15
:30	:30
:45	:45
7	**7**
:15	:15
:30	:30
:45	:45
8	**8**
:15	:15
:30	:30
:45	:45

September 6 (Sunday)

7	**7**
:15	:15
:30	:30
:45	:45
8	**8**
:15	:15
:30	:30
:45	:45
9	**9**
:15	:15
:30	:30
:45	:45
10	**10**
:15	:15
:30	:30
:45	:45
11	**11**
:15	:15
:30	:30
:45	:45
12	**12**
:15	:15
:30	:30
:45	:45
1	**1**
:15	:15
:30	:30
:45	:45
2	**2**
:15	:15
:30	:30
:45	:45
3	**3**
:15	:15
:30	:30
:45	:45
4	**4**
:15	:15
:30	:30
:45	:45
5	**5**
:15	:15
:30	:30
:45	:45
6	**6**
:15	:15
:30	:30
:45	:45
7	**7**
:15	:15
:30	:30
:45	:45
8	**8**
:15	:15
:30	:30
:45	:45

September 7 (Monday)

Labor Day

7	**7**
:15	:15
:30	:30
:45	:45
8	**8**
:15	:15
:30	:30
:45	:45
9	**9**
:15	:15
:30	:30
:45	:45
10	**10**
:15	:15
:30	:30
:45	:45
11	**11**
:15	:15
:30	:30
:45	:45
12	**12**
:15	:15
:30	:30
:45	:45
1	**1**
:15	:15
:30	:30
:45	:45
2	**2**
:15	:15
:30	:30
:45	:45
3	**3**
:15	:15
:30	:30
:45	:45
4	**4**
:15	:15
:30	:30
:45	:45
5	**5**
:15	:15
:30	:30
:45	:45
6	**6**
:15	:15
:30	:30
:45	:45
7	**7**
:15	:15
:30	:30
:45	:45
8	**8**
:15	:15
:30	:30
:45	:45

7	**7**
:15	:15
:30	:30
:45	:45
8	**8**
:15	:15
:30	:30
:45	:45
9	**9**
:15	:15
:30	:30
:45	:45
10	**10**
:15	:15
:30	:30
:45	:45
11	**11**
:15	:15
:30	:30
:45	:45
12	**12**
:15	:15
:30	:30
:45	:45
1	**1**
:15	:15
:30	:30
:45	:45
2	**2**
:15	:15
:30	:30
:45	:45
3	**3**
:15	:15
:30	:30
:45	:45
4	**4**
:15	:15
:30	:30
:45	:45
5	**5**
:15	:15
:30	:30
:45	:45
6	**6**
:15	:15
:30	:30
:45	:45
7	**7**
:15	:15
:30	:30
:45	:45
8	**8**
:15	:15
:30	:30
:45	:45

September 9 (Wednesday)

7	**7**
:15	:15
:30	:30
:45	:45
8	**8**
:15	:15
:30	:30
:45	:45
9	**9**
:15	:15
:30	:30
:45	:45
10	**10**
:15	:15
:30	:30
:45	:45
11	**11**
:15	:15
:30	:30
:45	:45
12	**12**
:15	:15
:30	:30
:45	:45
1	**1**
:15	:15
:30	:30
:45	:45
2	**2**
:15	:15
:30	:30
:45	:45
3	**3**
:15	:15
:30	:30
:45	:45
4	**4**
:15	:15
:30	:30
:45	:45
5	**5**
:15	:15
:30	:30
:45	:45
6	**6**
:15	:15
:30	:30
:45	:45
7	**7**
:15	:15
:30	:30
:45	:45
8	**8**
:15	:15
:30	:30
:45	:45

7	**7**
:15	:15
:30	:30
:45	:45
8	**8**
:15	:15
:30	:30
:45	:45
9	**9**
:15	:15
:30	:30
:45	:45
10	**10**
:15	:15
:30	:30
:45	:45
11	**11**
:15	:15
:30	:30
:45	:45
12	**12**
:15	:15
:30	:30
:45	:45
1	**1**
:15	:15
:30	:30
:45	:45
2	**2**
:15	:15
:30	:30
:45	:45
3	**3**
:15	:15
:30	:30
:45	:45
4	**4**
:15	:15
:30	:30
:45	:45
5	**5**
:15	:15
:30	:30
:45	:45
6	**6**
:15	:15
:30	:30
:45	:45
7	**7**
:15	:15
:30	:30
:45	:45
8	**8**
:15	:15
:30	:30
:45	:45

September 11 (Friday)

7	**7**
:15	:15
:30	:30
:45	:45
8	**8**
:15	:15
:30	:30
:45	:45
9	**9**
:15	:15
:30	:30
:45	:45
10	**10**
:15	:15
:30	:30
:45	:45
11	**11**
:15	:15
:30	:30
:45	:45
12	**12**
:15	:15
:30	:30
:45	:45
1	**1**
:15	:15
:30	:30
:45	:45
2	**2**
:15	:15
:30	:30
:45	:45
3	**3**
:15	:15
:30	:30
:45	:45
4	**4**
:15	:15
:30	:30
:45	:45
5	**5**
:15	:15
:30	:30
:45	:45
6	**6**
:15	:15
:30	:30
:45	:45
7	**7**
:15	:15
:30	:30
:45	:45
8	**8**
:15	:15
:30	:30
:45	:45

7	**7**
:15	:15
:30	:30
:45	:45
8	**8**
:15	:15
:30	:30
:45	:45
9	**9**
:15	:15
:30	:30
:45	:45
10	**10**
:15	:15
:30	:30
:45	:45
11	**11**
:15	:15
:30	:30
:45	:45
12	**12**
:15	:15
:30	:30
:45	:45
1	**1**
:15	:15
:30	:30
:45	:45
2	**2**
:15	:15
:30	:30
:45	:45
3	**3**
:15	:15
:30	:30
:45	:45
4	**4**
:15	:15
:30	:30
:45	:45
5	**5**
:15	:15
:30	:30
:45	:45
6	**6**
:15	:15
:30	:30
:45	:45
7	**7**
:15	:15
:30	:30
:45	:45
8	**8**
:15	:15
:30	:30
:45	:45

September 13 (Sunday)

7	**7**
:15	:15
:30	:30
:45	:45
8	**8**
:15	:15
:30	:30
:45	:45
9	**9**
:15	:15
:30	:30
:45	:45
10	**10**
:15	:15
:30	:30
:45	:45
11	**11**
:15	:15
:30	:30
:45	:45
12	**12**
:15	:15
:30	:30
:45	:45
1	**1**
:15	:15
:30	:30
:45	:45
2	**2**
:15	:15
:30	:30
:45	:45
3	**3**
:15	:15
:30	:30
:45	:45
4	**4**
:15	:15
:30	:30
:45	:45
5	**5**
:15	:15
:30	:30
:45	:45
6	**6**
:15	:15
:30	:30
:45	:45
7	**7**
:15	:15
:30	:30
:45	:45
8	**8**
:15	:15
:30	:30
:45	:45

7	**7**
:15	:15
:30	:30
:45	:45
8	**8**
:15	:15
:30	:30
:45	:45
9	**9**
:15	:15
:30	:30
:45	:45
10	**10**
:15	:15
:30	:30
:45	:45
11	**11**
:15	:15
:30	:30
:45	:45
12	**12**
:15	:15
:30	:30
:45	:45
1	**1**
:15	:15
:30	:30
:45	:45
2	**2**
:15	:15
:30	:30
:45	:45
3	**3**
:15	:15
:30	:30
:45	:45
4	**4**
:15	:15
:30	:30
:45	:45
5	**5**
:15	:15
:30	:30
:45	:45
6	**6**
:15	:15
:30	:30
:45	:45
7	**7**
:15	:15
:30	:30
:45	:45
8	**8**
:15	:15
:30	:30
:45	:45

September 15 (Tuesday)

259/107

7	**7**
:15	:15
:30	:30
:45	:45
8	**8**
:15	:15
:30	:30
:45	:45
9	**9**
:15	:15
:30	:30
:45	:45
10	**10**
:15	:15
:30	:30
:45	:45
11	**11**
:15	:15
:30	:30
:45	:45
12	**12**
:15	:15
:30	:30
:45	:45
1	**1**
:15	:15
:30	:30
:45	:45
2	**2**
:15	:15
:30	:30
:45	:45
3	**3**
:15	:15
:30	:30
:45	:45
4	**4**
:15	:15
:30	:30
:45	:45
5	**5**
:15	:15
:30	:30
:45	:45
6	**6**
:15	:15
:30	:30
:45	:45
7	**7**
:15	:15
:30	:30
:45	:45
8	**8**
:15	:15
:30	:30
:45	:45

September 16 (Wednesday)

7	**7**
:15	:15
:30	:30
:45	:45
8	**8**
:15	:15
:30	:30
:45	:45
9	**9**
:15	:15
:30	:30
:45	:45
10	**10**
:15	:15
:30	:30
:45	:45
11	**11**
:15	:15
:30	:30
:45	:45
12	**12**
:15	:15
:30	:30
:45	:45
1	**1**
:15	:15
:30	:30
:45	:45
2	**2**
:15	:15
:30	:30
:45	:45
3	**3**
:15	:15
:30	:30
:45	:45
4	**4**
:15	:15
:30	:30
:45	:45
5	**5**
:15	:15
:30	:30
:45	:45
6	**6**
:15	:15
:30	:30
:45	:45
7	**7**
:15	:15
:30	:30
:45	:45
8	**8**
:15	:15
:30	:30
:45	:45

September 17 (Thursday)

7	**7**
:15	:15
:30	:30
:45	:45
8	**8**
:15	:15
:30	:30
:45	:45
9	**9**
:15	:15
:30	:30
:45	:45
10	**10**
:15	:15
:30	:30
:45	:45
11	**11**
:15	:15
:30	:30
:45	:45
12	**12**
:15	:15
:30	:30
:45	:45
1	**1**
:15	:15
:30	:30
:45	:45
2	**2**
:15	:15
:30	:30
:45	:45
3	**3**
:15	:15
:30	:30
:45	:45
4	**4**
:15	:15
:30	:30
:45	:45
5	**5**
:15	:15
:30	:30
:45	:45
6	**6**
:15	:15
:30	:30
:45	:45
7	**7**
:15	:15
:30	:30
:45	:45
8	**8**
:15	:15
:30	:30
:45	:45

7	**7**
:15	:15
:30	:30
:45	:45
8	**8**
:15	:15
:30	:30
:45	:45
9	**9**
:15	:15
:30	:30
:45	:45
10	**10**
:15	:15
:30	:30
:45	:45
11	**11**
:15	:15
:30	:30
:45	:45
12	**12**
:15	:15
:30	:30
:45	:45
1	**1**
:15	:15
:30	:30
:45	:45
2	**2**
:15	:15
:30	:30
:45	:45
3	**3**
:15	:15
:30	:30
:45	:45
4	**4**
:15	:15
:30	:30
:45	:45
5	**5**
:15	:15
:30	:30
:45	:45
6	**6**
:15	:15
:30	:30
:45	:45
7	**7**
:15	:15
:30	:30
:45	:45
8	**8**
:15	:15
:30	:30
:45	:45

September 19 (Saturday)

7	**7**
:15	:15
:30	:30
:45	:45
8	**8**
:15	:15
:30	:30
:45	:45
9	**9**
:15	:15
:30	:30
:45	:45
10	**10**
:15	:15
:30	:30
:45	:45
11	**11**
:15	:15
:30	:30
:45	:45
12	**12**
:15	:15
:30	:30
:45	:45
1	**1**
:15	:15
:30	:30
:45	:45
2	**2**
:15	:15
:30	:30
:45	:45
3	**3**
:15	:15
:30	:30
:45	:45
4	**4**
:15	:15
:30	:30
:45	:45
5	**5**
:15	:15
:30	:30
:45	:45
6	**6**
:15	:15
:30	:30
:45	:45
7	**7**
:15	:15
:30	:30
:45	:45
8	**8**
:15	:15
:30	:30
:45	:45

September 20 (Sunday)

7	**7**
:15	:15
:30	:30
:45	:45
8	**8**
:15	:15
:30	:30
:45	:45
9	**9**
:15	:15
:30	:30
:45	:45
10	**10**
:15	:15
:30	:30
:45	:45
11	**11**
:15	:15
:30	:30
:45	:45
12	**12**
:15	:15
:30	:30
:45	:45
1	**1**
:15	:15
:30	:30
:45	:45
2	**2**
:15	:15
:30	:30
:45	:45
3	**3**
:15	:15
:30	:30
:45	:45
4	**4**
:15	:15
:30	:30
:45	:45
5	**5**
:15	:15
:30	:30
:45	:45
6	**6**
:15	:15
:30	:30
:45	:45
7	**7**
:15	:15
:30	:30
:45	:45
8	**8**
:15	:15
:30	:30
:45	:45

September 21 (Monday)

7	**7**
:15	:15
:30	:30
:45	:45
8	**8**
:15	:15
:30	:30
:45	:45
9	**9**
:15	:15
:30	:30
:45	:45
10	**10**
:15	:15
:30	:30
:45	:45
11	**11**
:15	:15
:30	:30
:45	:45
12	**12**
:15	:15
:30	:30
:45	:45
1	**1**
:15	:15
:30	:30
:45	:45
2	**2**
:15	:15
:30	:30
:45	:45
3	**3**
:15	:15
:30	:30
:45	:45
4	**4**
:15	:15
:30	:30
:45	:45
5	**5**
:15	:15
:30	:30
:45	:45
6	**6**
:15	:15
:30	:30
:45	:45
7	**7**
:15	:15
:30	:30
:45	:45
8	**8**
:15	:15
:30	:30
:45	:45

7	**7**
:15	:15
:30	:30
:45	:45
8	**8**
:15	:15
:30	:30
:45	:45
9	**9**
:15	:15
:30	:30
:45	:45
10	**10**
:15	:15
:30	:30
:45	:45
11	**11**
:15	:15
:30	:30
:45	:45
12	**12**
:15	:15
:30	:30
:45	:45
1	**1**
:15	:15
:30	:30
:45	:45
2	**2**
:15	:15
:30	:30
:45	:45
3	**3**
:15	:15
:30	:30
:45	:45
4	**4**
:15	:15
:30	:30
:45	:45
5	**5**
:15	:15
:30	:30
:45	:45
6	**6**
:15	:15
:30	:30
:45	:45
7	**7**
:15	:15
:30	:30
:45	:45
8	**8**
:15	:15
:30	:30
:45	:45

September 23 (Wednesday)

267/99

7	**7**
:15	:15
:30	:30
:45	:45
8	**8**
:15	:15
:30	:30
:45	:45
9	**9**
:15	:15
:30	:30
:45	:45
10	**10**
:15	:15
:30	:30
:45	:45
11	**11**
:15	:15
:30	:30
:45	:45
12	**12**
:15	:15
:30	:30
:45	:45
1	**1**
:15	:15
:30	:30
:45	:45
2	**2**
:15	:15
:30	:30
:45	:45
3	**3**
:15	:15
:30	:30
:45	:45
4	**4**
:15	:15
:30	:30
:45	:45
5	**5**
:15	:15
:30	:30
:45	:45
6	**6**
:15	:15
:30	:30
:45	:45
7	**7**
:15	:15
:30	:30
:45	:45
8	**8**
:15	:15
:30	:30
:45	:45

7	**7**
:15	:15
:30	:30
:45	:45
8	**8**
:15	:15
:30	:30
:45	:45
9	**9**
:15	:15
:30	:30
:45	:45
10	**10**
:15	:15
:30	:30
:45	:45
11	**11**
:15	:15
:30	:30
:45	:45
12	**12**
:15	:15
:30	:30
:45	:45
1	**1**
:15	:15
:30	:30
:45	:45
2	**2**
:15	:15
:30	:30
:45	:45
3	**3**
:15	:15
:30	:30
:45	:45
4	**4**
:15	:15
:30	:30
:45	:45
5	**5**
:15	:15
:30	:30
:45	:45
6	**6**
:15	:15
:30	:30
:45	:45
7	**7**
:15	:15
:30	:30
:45	:45
8	**8**
:15	:15
:30	:30
:45	:45

September 25 (Friday)

7	**7**
:15	:15
:30	:30
:45	:45
8	**8**
:15	:15
:30	:30
:45	:45
9	**9**
:15	:15
:30	:30
:45	:45
10	**10**
:15	:15
:30	:30
:45	:45
11	**11**
:15	:15
:30	:30
:45	:45
12	**12**
:15	:15
:30	:30
:45	:45
1	**1**
:15	:15
:30	:30
:45	:45
2	**2**
:15	:15
:30	:30
:45	:45
3	**3**
:15	:15
:30	:30
:45	:45
4	**4**
:15	:15
:30	:30
:45	:45
5	**5**
:15	:15
:30	:30
:45	:45
6	**6**
:15	:15
:30	:30
:45	:45
7	**7**
:15	:15
:30	:30
:45	:45
8	**8**
:15	:15
:30	:30
:45	:45

7	**7**
:15	:15
:30	:30
:45	:45
8	**8**
:15	:15
:30	:30
:45	:45
9	**9**
:15	:15
:30	:30
:45	:45
10	**10**
:15	:15
:30	:30
:45	:45
11	**11**
:15	:15
:30	:30
:45	:45
12	**12**
:15	:15
:30	:30
:45	:45
1	**1**
:15	:15
:30	:30
:45	:45
2	**2**
:15	:15
:30	:30
:45	:45
3	**3**
:15	:15
:30	:30
:45	:45
4	**4**
:15	:15
:30	:30
:45	:45
5	**5**
:15	:15
:30	:30
:45	:45
6	**6**
:15	:15
:30	:30
:45	:45
7	**7**
:15	:15
:30	:30
:45	:45
8	**8**
:15	:15
:30	:30
:45	:45

September 27 (Sunday)

271/95

7	**7**
:15	:15
:30	:30
:45	:45
8	**8**
:15	:15
:30	:30
:45	:45
9	**9**
:15	:15
:30	:30
:45	:45
10	**10**
:15	:15
:30	:30
:45	:45
11	**11**
:15	:15
:30	:30
:45	:45
12	**12**
:15	:15
:30	:30
:45	:45
1	**1**
:15	:15
:30	:30
:45	:45
2	**2**
:15	:15
:30	:30
:45	:45
3	**3**
:15	:15
:30	:30
:45	:45
4	**4**
:15	:15
:30	:30
:45	:45
5	**5**
:15	:15
:30	:30
:45	:45
6	**6**
:15	:15
:30	:30
:45	:45
7	**7**
:15	:15
:30	:30
:45	:45
8	**8**
:15	:15
:30	:30
:45	:45

7	**7**
:15	:15
:30	:30
:45	:45
8	**8**
:15	:15
:30	:30
:45	:45
9	**9**
:15	:15
:30	:30
:45	:45
10	**10**
:15	:15
:30	:30
:45	:45
11	**11**
:15	:15
:30	:30
:45	:45
12	**12**
:15	:15
:30	:30
:45	:45
1	**1**
:15	:15
:30	:30
:45	:45
2	**2**
:15	:15
:30	:30
:45	:45
3	**3**
:15	:15
:30	:30
:45	:45
4	**4**
:15	:15
:30	:30
:45	:45
5	**5**
:15	:15
:30	:30
:45	:45
6	**6**
:15	:15
:30	:30
:45	:45
7	**7**
:15	:15
:30	:30
:45	:45
8	**8**
:15	:15
:30	:30
:45	:45

September 29 (Tuesday)

7	**7**
:15	:15
:30	:30
:45	:45
8	**8**
:15	:15
:30	:30
:45	:45
9	**9**
:15	:15
:30	:30
:45	:45
10	**10**
:15	:15
:30	:30
:45	:45
11	**11**
:15	:15
:30	:30
:45	:45
12	**12**
:15	:15
:30	:30
:45	:45
1	**1**
:15	:15
:30	:30
:45	:45
2	**2**
:15	:15
:30	:30
:45	:45
3	**3**
:15	:15
:30	:30
:45	:45
4	**4**
:15	:15
:30	:30
:45	:45
5	**5**
:15	:15
:30	:30
:45	:45
6	**6**
:15	:15
:30	:30
:45	:45
7	**7**
:15	:15
:30	:30
:45	:45
8	**8**
:15	:15
:30	:30
:45	:45

7		7	
:15		:15	
:30		:30	
:45		:45	
8		8	
:15		:15	
:30		:30	
:45		:45	
9		9	
:15		:15	
:30		:30	
:45		:45	
10		10	
:15		:15	
:30		:30	
:45		:45	
11		11	
:15		:15	
:30		:30	
:45		:45	
12		12	
:15		:15	
:30		:30	
:45		:45	
1		1	
:15		:15	
:30		:30	
:45		:45	
2		2	
:15		:15	
:30		:30	
:45		:45	
3		3	
:15		:15	
:30		:30	
:45		:45	
4		4	
:15		:15	
:30		:30	
:45		:45	
5		5	
:15		:15	
:30		:30	
:45		:45	
6		6	
:15		:15	
:30		:30	
:45		:45	
7		7	
:15		:15	
:30		:30	
:45		:45	
8		8	
:15		:15	
:30		:30	
:45		:45	

October 1 (Thursday)

7	**7**
:15	:15
:30	:30
:45	:45
8	**8**
:15	:15
:30	:30
:45	:45
9	**9**
:15	:15
:30	:30
:45	:45
10	**10**
:15	:15
:30	:30
:45	:45
11	**11**
:15	:15
:30	:30
:45	:45
12	**12**
:15	:15
:30	:30
:45	:45
1	**1**
:15	:15
:30	:30
:45	:45
2	**2**
:15	:15
:30	:30
:45	:45
3	**3**
:15	:15
:30	:30
:45	:45
4	**4**
:15	:15
:30	:30
:45	:45
5	**5**
:15	:15
:30	:30
:45	:45
6	**6**
:15	:15
:30	:30
:45	:45
7	**7**
:15	:15
:30	:30
:45	:45
8	**8**
:15	:15
:30	:30
:45	:45

October 2 (Friday)

7	**7**
:15	:15
:30	:30
:45	:45
8	**8**
:15	:15
:30	:30
:45	:45
9	**9**
:15	:15
:30	:30
:45	:45
10	**10**
:15	:15
:30	:30
:45	:45
11	**11**
:15	:15
:30	:30
:45	:45
12	**12**
:15	:15
:30	:30
:45	:45
1	**1**
:15	:15
:30	:30
:45	:45
2	**2**
:15	:15
:30	:30
:45	:45
3	**3**
:15	:15
:30	:30
:45	:45
4	**4**
:15	:15
:30	:30
:45	:45
5	**5**
:15	:15
:30	:30
:45	:45
6	**6**
:15	:15
:30	:30
:45	:45
7	**7**
:15	:15
:30	:30
:45	:45
8	**8**
:15	:15
:30	:30
:45	:45

October 3 (Saturday)

277/89

7	**7**
:15	:15
:30	:30
:45	:45
8	**8**
:15	:15
:30	:30
:45	:45
9	**9**
:15	:15
:30	:30
:45	:45
10	**10**
:15	:15
:30	:30
:45	:45
11	**11**
:15	:15
:30	:30
:45	:45
12	**12**
:15	:15
:30	:30
:45	:45
1	**1**
:15	:15
:30	:30
:45	:45
2	**2**
:15	:15
:30	:30
:45	:45
3	**3**
:15	:15
:30	:30
:45	:45
4	**4**
:15	:15
:30	:30
:45	:45
5	**5**
:15	:15
:30	:30
:45	:45
6	**6**
:15	:15
:30	:30
:45	:45
7	**7**
:15	:15
:30	:30
:45	:45
8	**8**
:15	:15
:30	:30
:45	:45

7	**7**
:15	:15
:30	:30
:45	:45
8	**8**
:15	:15
:30	:30
:45	:45
9	**9**
:15	:15
:30	:30
:45	:45
10	**10**
:15	:15
:30	:30
:45	:45
11	**11**
:15	:15
:30	:30
:45	:45
12	**12**
:15	:15
:30	:30
:45	:45
1	**1**
:15	:15
:30	:30
:45	:45
2	**2**
:15	:15
:30	:30
:45	:45
3	**3**
:15	:15
:30	:30
:45	:45
4	**4**
:15	:15
:30	:30
:45	:45
5	**5**
:15	:15
:30	:30
:45	:45
6	**6**
:15	:15
:30	:30
:45	:45
7	**7**
:15	:15
:30	:30
:45	:45
8	**8**
:15	:15
:30	:30
:45	:45

7	**7**
:15	:15
:30	:30
:45	:45
8	**8**
:15	:15
:30	:30
:45	:45
9	**9**
:15	:15
:30	:30
:45	:45
10	**10**
:15	:15
:30	:30
:45	:45
11	**11**
:15	:15
:30	:30
:45	:45
12	**12**
:15	:15
:30	:30
:45	:45
1	**1**
:15	:15
:30	:30
:45	:45
2	**2**
:15	:15
:30	:30
:45	:45
3	**3**
:15	:15
:30	:30
:45	:45
4	**4**
:15	:15
:30	:30
:45	:45
5	**5**
:15	:15
:30	:30
:45	:45
6	**6**
:15	:15
:30	:30
:45	:45
7	**7**
:15	:15
:30	:30
:45	:45
8	**8**
:15	:15
:30	:30
:45	:45

7	**7**
:15	:15
:30	:30
:45	:45
8	**8**
:15	:15
:30	:30
:45	:45
9	**9**
:15	:15
:30	:30
:45	:45
10	**10**
:15	:15
:30	:30
:45	:45
11	**11**
:15	:15
:30	:30
:45	:45
12	**12**
:15	:15
:30	:30
:45	:45
1	**1**
:15	:15
:30	:30
:45	:45
2	**2**
:15	:15
:30	:30
:45	:45
3	**3**
:15	:15
:30	:30
:45	:45
4	**4**
:15	:15
:30	:30
:45	:45
5	**5**
:15	:15
:30	:30
:45	:45
6	**6**
:15	:15
:30	:30
:45	:45
7	**7**
:15	:15
:30	:30
:45	:45
8	**8**
:15	:15
:30	:30
:45	:45

October 7 (Wednesday)

7	**7**
:15	:15
:30	:30
:45	:45
8	**8**
:15	:15
:30	:30
:45	:45
9	**9**
:15	:15
:30	:30
:45	:45
10	**10**
:15	:15
:30	:30
:45	:45
11	**11**
:15	:15
:30	:30
:45	:45
12	**12**
:15	:15
:30	:30
:45	:45
1	**1**
:15	:15
:30	:30
:45	:45
2	**2**
:15	:15
:30	:30
:45	:45
3	**3**
:15	:15
:30	:30
:45	:45
4	**4**
:15	:15
:30	:30
:45	:45
5	**5**
:15	:15
:30	:30
:45	:45
6	**6**
:15	:15
:30	:30
:45	:45
7	**7**
:15	:15
:30	:30
:45	:45
8	**8**
:15	:15
:30	:30
:45	:45

7	**7**
:15	:15
:30	:30
:45	:45
8	**8**
:15	:15
:30	:30
:45	:45
9	**9**
:15	:15
:30	:30
:45	:45
10	**10**
:15	:15
:30	:30
:45	:45
11	**11**
:15	:15
:30	:30
:45	:45
12	**12**
:15	:15
:30	:30
:45	:45
1	**1**
:15	:15
:30	:30
:45	:45
2	**2**
:15	:15
:30	:30
:45	:45
3	**3**
:15	:15
:30	:30
:45	:45
4	**4**
:15	:15
:30	:30
:45	:45
5	**5**
:15	:15
:30	:30
:45	:45
6	**6**
:15	:15
:30	:30
:45	:45
7	**7**
:15	:15
:30	:30
:45	:45
8	**8**
:15	:15
:30	:30
:45	:45

October 9 (Friday)

7	**7**
:15	:15
:30	:30
:45	:45
8	**8**
:15	:15
:30	:30
:45	:45
9	**9**
:15	:15
:30	:30
:45	:45
10	**10**
:15	:15
:30	:30
:45	:45
11	**11**
:15	:15
:30	:30
:45	:45
12	**12**
:15	:15
:30	:30
:45	:45
1	**1**
:15	:15
:30	:30
:45	:45
2	**2**
:15	:15
:30	:30
:45	:45
3	**3**
:15	:15
:30	:30
:45	:45
4	**4**
:15	:15
:30	:30
:45	:45
5	**5**
:15	:15
:30	:30
:45	:45
6	**6**
:15	:15
:30	:30
:45	:45
7	**7**
:15	:15
:30	:30
:45	:45
8	**8**
:15	:15
:30	:30
:45	:45

7	**7**
:15	:15
:30	:30
:45	:45
8	**8**
:15	:15
:30	:30
:45	:45
9	**9**
:15	:15
:30	:30
:45	:45
10	**10**
:15	:15
:30	:30
:45	:45
11	**11**
:15	:15
:30	:30
:45	:45
12	**12**
:15	:15
:30	:30
:45	:45
1	**1**
:15	:15
:30	:30
:45	:45
2	**2**
:15	:15
:30	:30
:45	:45
3	**3**
:15	:15
:30	:30
:45	:45
4	**4**
:15	:15
:30	:30
:45	:45
5	**5**
:15	:15
:30	:30
:45	:45
6	**6**
:15	:15
:30	:30
:45	:45
7	**7**
:15	:15
:30	:30
:45	:45
8	**8**
:15	:15
:30	:30
:45	:45

October 11 (Sunday)

7	**7**
:15	:15
:30	:30
:45	:45
8	**8**
:15	:15
:30	:30
:45	:45
9	**9**
:15	:15
:30	:30
:45	:45
10	**10**
:15	:15
:30	:30
:45	:45
11	**11**
:15	:15
:30	:30
:45	:45
12	**12**
:15	:15
:30	:30
:45	:45
1	**1**
:15	:15
:30	:30
:45	:45
2	**2**
:15	:15
:30	:30
:45	:45
3	**3**
:15	:15
:30	:30
:45	:45
4	**4**
:15	:15
:30	:30
:45	:45
5	**5**
:15	:15
:30	:30
:45	:45
6	**6**
:15	:15
:30	:30
:45	:45
7	**7**
:15	:15
:30	:30
:45	:45
8	**8**
:15	:15
:30	:30
:45	:45

Columbus Day

October 12 (Monday)

7	**7**
:15	:15
:30	:30
:45	:45
8	**8**
:15	:15
:30	:30
:45	:45
9	**9**
:15	:15
:30	:30
:45	:45
10	**10**
:15	:15
:30	:30
:45	:45
11	**11**
:15	:15
:30	:30
:45	:45
12	**12**
:15	:15
:30	:30
:45	:45
1	**1**
:15	:15
:30	:30
:45	:45
2	**2**
:15	:15
:30	:30
:45	:45
3	**3**
:15	:15
:30	:30
:45	:45
4	**4**
:15	:15
:30	:30
:45	:45
5	**5**
:15	:15
:30	:30
:45	:45
6	**6**
:15	:15
:30	:30
:45	:45
7	**7**
:15	:15
:30	:30
:45	:45
8	**8**
:15	:15
:30	:30
:45	:45

October 13 (Tuesday)

287/79

7	**7**
:15	:15
:30	:30
:45	:45
8	**8**
:15	:15
:30	:30
:45	:45
9	**9**
:15	:15
:30	:30
:45	:45
10	**10**
:15	:15
:30	:30
:45	:45
11	**11**
:15	:15
:30	:30
:45	:45
12	**12**
:15	:15
:30	:30
:45	:45
1	**1**
:15	:15
:30	:30
:45	:45
2	**2**
:15	:15
:30	:30
:45	:45
3	**3**
:15	:15
:30	:30
:45	:45
4	**4**
:15	:15
:30	:30
:45	:45
5	**5**
:15	:15
:30	:30
:45	:45
6	**6**
:15	:15
:30	:30
:45	:45
7	**7**
:15	:15
:30	:30
:45	:45
8	**8**
:15	:15
:30	:30
:45	:45

7	**7**
:15	:15
:30	:30
:45	:45
8	**8**
:15	:15
:30	:30
:45	:45
9	**9**
:15	:15
:30	:30
:45	:45
10	**10**
:15	:15
:30	:30
:45	:45
11	**11**
:15	:15
:30	:30
:45	:45
12	**12**
:15	:15
:30	:30
:45	:45
1	**1**
:15	:15
:30	:30
:45	:45
2	**2**
:15	:15
:30	:30
:45	:45
3	**3**
:15	:15
:30	:30
:45	:45
4	**4**
:15	:15
:30	:30
:45	:45
5	**5**
:15	:15
:30	:30
:45	:45
6	**6**
:15	:15
:30	:30
:45	:45
7	**7**
:15	:15
:30	:30
:45	:45
8	**8**
:15	:15
:30	:30
:45	:45

7	**7**
:15	:15
:30	:30
:45	:45
8	**8**
:15	:15
:30	:30
:45	:45
9	**9**
:15	:15
:30	:30
:45	:45
10	**10**
:15	:15
:30	:30
:45	:45
11	**11**
:15	:15
:30	:30
:45	:45
12	**12**
:15	:15
:30	:30
:45	:45
1	**1**
:15	:15
:30	:30
:45	:45
2	**2**
:15	:15
:30	:30
:45	:45
3	**3**
:15	:15
:30	:30
:45	:45
4	**4**
:15	:15
:30	:30
:45	:45
5	**5**
:15	:15
:30	:30
:45	:45
6	**6**
:15	:15
:30	:30
:45	:45
7	**7**
:15	:15
:30	:30
:45	:45
8	**8**
:15	:15
:30	:30
:45	:45

7	**7**
:15	:15
:30	:30
:45	:45
8	**8**
:15	:15
:30	:30
:45	:45
9	**9**
:15	:15
:30	:30
:45	:45
10	**10**
:15	:15
:30	:30
:45	:45
11	**11**
:15	:15
:30	:30
:45	:45
12	**12**
:15	:15
:30	:30
:45	:45
1	**1**
:15	:15
:30	:30
:45	:45
2	**2**
:15	:15
:30	:30
:45	:45
3	**3**
:15	:15
:30	:30
:45	:45
4	**4**
:15	:15
:30	:30
:45	:45
5	**5**
:15	:15
:30	:30
:45	:45
6	**6**
:15	:15
:30	:30
:45	:45
7	**7**
:15	:15
:30	:30
:45	:45
8	**8**
:15	:15
:30	:30
:45	:45

October 17 (Saturday)

7	**7**
:15	:15
:30	:30
:45	:45
8	**8**
:15	:15
:30	:30
:45	:45
9	**9**
:15	:15
:30	:30
:45	:45
10	**10**
:15	:15
:30	:30
:45	:45
11	**11**
:15	:15
:30	:30
:45	:45
12	**12**
:15	:15
:30	:30
:45	:45
1	**1**
:15	:15
:30	:30
:45	:45
2	**2**
:15	:15
:30	:30
:45	:45
3	**3**
:15	:15
:30	:30
:45	:45
4	**4**
:15	:15
:30	:30
:45	:45
5	**5**
:15	:15
:30	:30
:45	:45
6	**6**
:15	:15
:30	:30
:45	:45
7	**7**
:15	:15
:30	:30
:45	:45
8	**8**
:15	:15
:30	:30
:45	:45

7	**7**
:15	:15
:30	:30
:45	:45
8	**8**
:15	:15
:30	:30
:45	:45
9	**9**
:15	:15
:30	:30
:45	:45
10	**10**
:15	:15
:30	:30
:45	:45
11	**11**
:15	:15
:30	:30
:45	:45
12	**12**
:15	:15
:30	:30
:45	:45
1	**1**
:15	:15
:30	:30
:45	:45
2	**2**
:15	:15
:30	:30
:45	:45
3	**3**
:15	:15
:30	:30
:45	:45
4	**4**
:15	:15
:30	:30
:45	:45
5	**5**
:15	:15
:30	:30
:45	:45
6	**6**
:15	:15
:30	:30
:45	:45
7	**7**
:15	:15
:30	:30
:45	:45
8	**8**
:15	:15
:30	:30
:45	:45

October 19 (Monday)

7	**7**
:15	:15
:30	:30
:45	:45
8	**8**
:15	:15
:30	:30
:45	:45
9	**9**
:15	:15
:30	:30
:45	:45
10	**10**
:15	:15
:30	:30
:45	:45
11	**11**
:15	:15
:30	:30
:45	:45
12	**12**
:15	:15
:30	:30
:45	:45
1	**1**
:15	:15
:30	:30
:45	:45
2	**2**
:15	:15
:30	:30
:45	:45
3	**3**
:15	:15
:30	:30
:45	:45
4	**4**
:15	:15
:30	:30
:45	:45
5	**5**
:15	:15
:30	:30
:45	:45
6	**6**
:15	:15
:30	:30
:45	:45
7	**7**
:15	:15
:30	:30
:45	:45
8	**8**
:15	:15
:30	:30
:45	:45

7	**7**
:15	:15
:30	:30
:45	:45
8	**8**
:15	:15
:30	:30
:45	:45
9	**9**
:15	:15
:30	:30
:45	:45
10	**10**
:15	:15
:30	:30
:45	:45
11	**11**
:15	:15
:30	:30
:45	:45
12	**12**
:15	:15
:30	:30
:45	:45
1	**1**
:15	:15
:30	:30
:45	:45
2	**2**
:15	:15
:30	:30
:45	:45
3	**3**
:15	:15
:30	:30
:45	:45
4	**4**
:15	:15
:30	:30
:45	:45
5	**5**
:15	:15
:30	:30
:45	:45
6	**6**
:15	:15
:30	:30
:45	:45
7	**7**
:15	:15
:30	:30
:45	:45
8	**8**
:15	:15
:30	:30
:45	:45

October 21 (Wednesday)

295/71

7	**7**
:15	:15
:30	:30
:45	:45
8	**8**
:15	:15
:30	:30
:45	:45
9	**9**
:15	:15
:30	:30
:45	:45
10	**10**
:15	:15
:30	:30
:45	:45
11	**11**
:15	:15
:30	:30
:45	:45
12	**12**
:15	:15
:30	:30
:45	:45
1	**1**
:15	:15
:30	:30
:45	:45
2	**2**
:15	:15
:30	:30
:45	:45
3	**3**
:15	:15
:30	:30
:45	:45
4	**4**
:15	:15
:30	:30
:45	:45
5	**5**
:15	:15
:30	:30
:45	:45
6	**6**
:15	:15
:30	:30
:45	:45
7	**7**
:15	:15
:30	:30
:45	:45
8	**8**
:15	:15
:30	:30
:45	:45

7	**7**
:15	:15
:30	:30
:45	:45
8	**8**
:15	:15
:30	:30
:45	:45
9	**9**
:15	:15
:30	:30
:45	:45
10	**10**
:15	:15
:30	:30
:45	:45
11	**11**
:15	:15
:30	:30
:45	:45
12	**12**
:15	:15
:30	:30
:45	:45
1	**1**
:15	:15
:30	:30
:45	:45
2	**2**
:15	:15
:30	:30
:45	:45
3	**3**
:15	:15
:30	:30
:45	:45
4	**4**
:15	:15
:30	:30
:45	:45
5	**5**
:15	:15
:30	:30
:45	:45
6	**6**
:15	:15
:30	:30
:45	:45
7	**7**
:15	:15
:30	:30
:45	:45
8	**8**
:15	:15
:30	:30
:45	:45

October 23 (Friday)

297/69

7	**7**
:15	:15
:30	:30
:45	:45
8	**8**
:15	:15
:30	:30
:45	:45
9	**9**
:15	:15
:30	:30
:45	:45
10	**10**
:15	:15
:30	:30
:45	:45
11	**11**
:15	:15
:30	:30
:45	:45
12	**12**
:15	:15
:30	:30
:45	:45
1	**1**
:15	:15
:30	:30
:45	:45
2	**2**
:15	:15
:30	:30
:45	:45
3	**3**
:15	:15
:30	:30
:45	:45
4	**4**
:15	:15
:30	:30
:45	:45
5	**5**
:15	:15
:30	:30
:45	:45
6	**6**
:15	:15
:30	:30
:45	:45
7	**7**
:15	:15
:30	:30
:45	:45
8	**8**
:15	:15
:30	:30
:45	:45

7	**7**
:15	:15
:30	:30
:45	:45
8	**8**
:15	:15
:30	:30
:45	:45
9	**9**
:15	:15
:30	:30
:45	:45
10	**10**
:15	:15
:30	:30
:45	:45
11	**11**
:15	:15
:30	:30
:45	:45
12	**12**
:15	:15
:30	:30
:45	:45
1	**1**
:15	:15
:30	:30
:45	:45
2	**2**
:15	:15
:30	:30
:45	:45
3	**3**
:15	:15
:30	:30
:45	:45
4	**4**
:15	:15
:30	:30
:45	:45
5	**5**
:15	:15
:30	:30
:45	:45
6	**6**
:15	:15
:30	:30
:45	:45
7	**7**
:15	:15
:30	:30
:45	:45
8	**8**
:15	:15
:30	:30
:45	:45

October 25 (Sunday)

7	**7**
:15	:15
:30	:30
:45	:45
8	**8**
:15	:15
:30	:30
:45	:45
9	**9**
:15	:15
:30	:30
:45	:45
10	**10**
:15	:15
:30	:30
:45	:45
11	**11**
:15	:15
:30	:30
:45	:45
12	**12**
:15	:15
:30	:30
:45	:45
1	**1**
:15	:15
:30	:30
:45	:45
2	**2**
:15	:15
:30	:30
:45	:45
3	**3**
:15	:15
:30	:30
:45	:45
4	**4**
:15	:15
:30	:30
:45	:45
5	**5**
:15	:15
:30	:30
:45	:45
6	**6**
:15	:15
:30	:30
:45	:45
7	**7**
:15	:15
:30	:30
:45	:45
8	**8**
:15	:15
:30	:30
:45	:45

7	**7**
:15	:15
:30	:30
:45	:45
8	**8**
:15	:15
:30	:30
:45	:45
9	**9**
:15	:15
:30	:30
:45	:45
10	**10**
:15	:15
:30	:30
:45	:45
11	**11**
:15	:15
:30	:30
:45	:45
12	**12**
:15	:15
:30	:30
:45	:45
1	**1**
:15	:15
:30	:30
:45	:45
2	**2**
:15	:15
:30	:30
:45	:45
3	**3**
:15	:15
:30	:30
:45	:45
4	**4**
:15	:15
:30	:30
:45	:45
5	**5**
:15	:15
:30	:30
:45	:45
6	**6**
:15	:15
:30	:30
:45	:45
7	**7**
:15	:15
:30	:30
:45	:45
8	**8**
:15	:15
:30	:30
:45	:45

October 27 (Tuesday)

7	**7**
:15	:15
:30	:30
:45	:45
8	**8**
:15	:15
:30	:30
:45	:45
9	**9**
:15	:15
:30	:30
:45	:45
10	**10**
:15	:15
:30	:30
:45	:45
11	**11**
:15	:15
:30	:30
:45	:45
12	**12**
:15	:15
:30	:30
:45	:45
1	**1**
:15	:15
:30	:30
:45	:45
2	**2**
:15	:15
:30	:30
:45	:45
3	**3**
:15	:15
:30	:30
:45	:45
4	**4**
:15	:15
:30	:30
:45	:45
5	**5**
:15	:15
:30	:30
:45	:45
6	**6**
:15	:15
:30	:30
:45	:45
7	**7**
:15	:15
:30	:30
:45	:45
8	**8**
:15	:15
:30	:30
:45	:45

October 28 (Wednesday)

7	7
:15	:15
:30	:30
:45	:45
8	8
:15	:15
:30	:30
:45	:45
9	9
:15	:15
:30	:30
:45	:45
10	10
:15	:15
:30	:30
:45	:45
11	11
:15	:15
:30	:30
:45	:45
12	12
:15	:15
:30	:30
:45	:45
1	1
:15	:15
:30	:30
:45	:45
2	2
:15	:15
:30	:30
:45	:45
3	3
:15	:15
:30	:30
:45	:45
4	4
:15	:15
:30	:30
:45	:45
5	5
:15	:15
:30	:30
:45	:45
6	6
:15	:15
:30	:30
:45	:45
7	7
:15	:15
:30	:30
:45	:45
8	8
:15	:15
:30	:30
:45	:45

October 29 (Thursday)

7	**7**
:15	:15
:30	:30
:45	:45
8	**8**
:15	:15
:30	:30
:45	:45
9	**9**
:15	:15
:30	:30
:45	:45
10	**10**
:15	:15
:30	:30
:45	:45
11	**11**
:15	:15
:30	:30
:45	:45
12	**12**
:15	:15
:30	:30
:45	:45
1	**1**
:15	:15
:30	:30
:45	:45
2	**2**
:15	:15
:30	:30
:45	:45
3	**3**
:15	:15
:30	:30
:45	:45
4	**4**
:15	:15
:30	:30
:45	:45
5	**5**
:15	:15
:30	:30
:45	:45
6	**6**
:15	:15
:30	:30
:45	:45
7	**7**
:15	:15
:30	:30
:45	:45
8	**8**
:15	:15
:30	:30
:45	:45

7	**7**
:15	:15
:30	:30
:45	:45
8	**8**
:15	:15
:30	:30
:45	:45
9	**9**
:15	:15
:30	:30
:45	:45
10	**10**
:15	:15
:30	:30
:45	:45
11	**11**
:15	:15
:30	:30
:45	:45
12	**12**
:15	:15
:30	:30
:45	:45
1	**1**
:15	:15
:30	:30
:45	:45
2	**2**
:15	:15
:30	:30
:45	:45
3	**3**
:15	:15
:30	:30
:45	:45
4	**4**
:15	:15
:30	:30
:45	:45
5	**5**
:15	:15
:30	:30
:45	:45
6	**6**
:15	:15
:30	:30
:45	:45
7	**7**
:15	:15
:30	:30
:45	:45
8	**8**
:15	:15
:30	:30
:45	:45

October 31 (Saturday)

7	**7**
:15	:15
:30	:30
:45	:45
8	**8**
:15	:15
:30	:30
:45	:45
9	**9**
:15	:15
:30	:30
:45	:45
10	**10**
:15	:15
:30	:30
:45	:45
11	**11**
:15	:15
:30	:30
:45	:45
12	**12**
:15	:15
:30	:30
:45	:45
1	**1**
:15	:15
:30	:30
:45	:45
2	**2**
:15	:15
:30	:30
:45	:45
3	**3**
:15	:15
:30	:30
:45	:45
4	**4**
:15	:15
:30	:30
:45	:45
5	**5**
:15	:15
:30	:30
:45	:45
6	**6**
:15	:15
:30	:30
:45	:45
7	**7**
:15	:15
:30	:30
:45	:45
8	**8**
:15	:15
:30	:30
:45	:45

November 1 (Sunday)

7	**7**
:15	:15
:30	:30
:45	:45
8	**8**
:15	:15
:30	:30
:45	:45
9	**9**
:15	:15
:30	:30
:45	:45
10	**10**
:15	:15
:30	:30
:45	:45
11	**11**
:15	:15
:30	:30
:45	:45
12	**12**
:15	:15
:30	:30
:45	:45
1	**1**
:15	:15
:30	:30
:45	:45
2	**2**
:15	:15
:30	:30
:45	:45
3	**3**
:15	:15
:30	:30
:45	:45
4	**4**
:15	:15
:30	:30
:45	:45
5	**5**
:15	:15
:30	:30
:45	:45
6	**6**
:15	:15
:30	:30
:45	:45
7	**7**
:15	:15
:30	:30
:45	:45
8	**8**
:15	:15
:30	:30
:45	:45

November 2 (Monday)

307/59

7	**7**
:15	:15
:30	:30
:45	:45
8	**8**
:15	:15
:30	:30
:45	:45
9	**9**
:15	:15
:30	:30
:45	:45
10	**10**
:15	:15
:30	:30
:45	:45
11	**11**
:15	:15
:30	:30
:45	:45
12	**12**
:15	:15
:30	:30
:45	:45
1	**1**
:15	:15
:30	:30
:45	:45
2	**2**
:15	:15
:30	:30
:45	:45
3	**3**
:15	:15
:30	:30
:45	:45
4	**4**
:15	:15
:30	:30
:45	:45
5	**5**
:15	:15
:30	:30
:45	:45
6	**6**
:15	:15
:30	:30
:45	:45
7	**7**
:15	:15
:30	:30
:45	:45
8	**8**
:15	:15
:30	:30
:45	:45

7	**7**
:15	:15
:30	:30
:45	:45
8	**8**
:15	:15
:30	:30
:45	:45
9	**9**
:15	:15
:30	:30
:45	:45
10	**10**
:15	:15
:30	:30
:45	:45
11	**11**
:15	:15
:30	:30
:45	:45
12	**12**
:15	:15
:30	:30
:45	:45
1	**1**
:15	:15
:30	:30
:45	:45
2	**2**
:15	:15
:30	:30
:45	:45
3	**3**
:15	:15
:30	:30
:45	:45
4	**4**
:15	:15
:30	:30
:45	:45
5	**5**
:15	:15
:30	:30
:45	:45
6	**6**
:15	:15
:30	:30
:45	:45
7	**7**
:15	:15
:30	:30
:45	:45
8	**8**
:15	:15
:30	:30
:45	:45

November 4 (Wednesday)

7	**7**
:15	:15
:30	:30
:45	:45
8	**8**
:15	:15
:30	:30
:45	:45
9	**9**
:15	:15
:30	:30
:45	:45
10	**10**
:15	:15
:30	:30
:45	:45
11	**11**
:15	:15
:30	:30
:45	:45
12	**12**
:15	:15
:30	:30
:45	:45
1	**1**
:15	:15
:30	:30
:45	:45
2	**2**
:15	:15
:30	:30
:45	:45
3	**3**
:15	:15
:30	:30
:45	:45
4	**4**
:15	:15
:30	:30
:45	:45
5	**5**
:15	:15
:30	:30
:45	:45
6	**6**
:15	:15
:30	:30
:45	:45
7	**7**
:15	:15
:30	:30
:45	:45
8	**8**
:15	:15
:30	:30
:45	:45

November 5 (Thursday)

7	**7**
:15	:15
:30	:30
:45	:45
8	**8**
:15	:15
:30	:30
:45	:45
9	**9**
:15	:15
:30	:30
:45	:45
10	**10**
:15	:15
:30	:30
:45	:45
11	**11**
:15	:15
:30	:30
:45	:45
12	**12**
:15	:15
:30	:30
:45	:45
1	**1**
:15	:15
:30	:30
:45	:45
2	**2**
:15	:15
:30	:30
:45	:45
3	**3**
:15	:15
:30	:30
:45	:45
4	**4**
:15	:15
:30	:30
:45	:45
5	**5**
:15	:15
:30	:30
:45	:45
6	**6**
:15	:15
:30	:30
:45	:45
7	**7**
:15	:15
:30	:30
:45	:45
8	**8**
:15	:15
:30	:30
:45	:45

November 6 (Friday)

7	**7**
:15	:15
:30	:30
:45	:45
8	**8**
:15	:15
:30	:30
:45	:45
9	**9**
:15	:15
:30	:30
:45	:45
10	**10**
:15	:15
:30	:30
:45	:45
11	**11**
:15	:15
:30	:30
:45	:45
12	**12**
:15	:15
:30	:30
:45	:45
1	**1**
:15	:15
:30	:30
:45	:45
2	**2**
:15	:15
:30	:30
:45	:45
3	**3**
:15	:15
:30	:30
:45	:45
4	**4**
:15	:15
:30	:30
:45	:45
5	**5**
:15	:15
:30	:30
:45	:45
6	**6**
:15	:15
:30	:30
:45	:45
7	**7**
:15	:15
:30	:30
:45	:45
8	**8**
:15	:15
:30	:30
:45	:45

7		7	
:15		:15	
:30		:30	
:45		:45	
8		8	
:15		:15	
:30		:30	
:45		:45	
9		9	
:15		:15	
:30		:30	
:45		:45	
10		10	
:15		:15	
:30		:30	
:45		:45	
11		11	
:15		:15	
:30		:30	
:45		:45	
12		12	
:15		:15	
:30		:30	
:45		:45	
1		1	
:15		:15	
:30		:30	
:45		:45	
2		2	
:15		:15	
:30		:30	
:45		:45	
3		3	
:15		:15	
:30		:30	
:45		:45	
4		4	
:15		:15	
:30		:30	
:45		:45	
5		5	
:15		:15	
:30		:30	
:45		:45	
6		6	
:15		:15	
:30		:30	
:45		:45	
7		7	
:15		:15	
:30		:30	
:45		:45	
8		8	
:15		:15	
:30		:30	
:45		:45	

November 8 (Sunday)

7	**7**
:15	:15
:30	:30
:45	:45
8	**8**
:15	:15
:30	:30
:45	:45
9	**9**
:15	:15
:30	:30
:45	:45
10	**10**
:15	:15
:30	:30
:45	:45
11	**11**
:15	:15
:30	:30
:45	:45
12	**12**
:15	:15
:30	:30
:45	:45
1	**1**
:15	:15
:30	:30
:45	:45
2	**2**
:15	:15
:30	:30
:45	:45
3	**3**
:15	:15
:30	:30
:45	:45
4	**4**
:15	:15
:30	:30
:45	:45
5	**5**
:15	:15
:30	:30
:45	:45
6	**6**
:15	:15
:30	:30
:45	:45
7	**7**
:15	:15
:30	:30
:45	:45
8	**8**
:15	:15
:30	:30
:45	:45

November 9 (Monday)

7	**7**
:15	:15
:30	:30
:45	:45
8	**8**
:15	:15
:30	:30
:45	:45
9	**9**
:15	:15
:30	:30
:45	:45
10	**10**
:15	:15
:30	:30
:45	:45
11	**11**
:15	:15
:30	:30
:45	:45
12	**12**
:15	:15
:30	:30
:45	:45
1	**1**
:15	:15
:30	:30
:45	:45
2	**2**
:15	:15
:30	:30
:45	:45
3	**3**
:15	:15
:30	:30
:45	:45
4	**4**
:15	:15
:30	:30
:45	:45
5	**5**
:15	:15
:30	:30
:45	:45
6	**6**
:15	:15
:30	:30
:45	:45
7	**7**
:15	:15
:30	:30
:45	:45
8	**8**
:15	:15
:30	:30
:45	:45

November 10 (Tuesday)

7	**7**
:15	:15
:30	:30
:45	:45
8	**8**
:15	:15
:30	:30
:45	:45
9	**9**
:15	:15
:30	:30
:45	:45
10	**10**
:15	:15
:30	:30
:45	:45
11	**11**
:15	:15
:30	:30
:45	:45
12	**12**
:15	:15
:30	:30
:45	:45
1	**1**
:15	:15
:30	:30
:45	:45
2	**2**
:15	:15
:30	:30
:45	:45
3	**3**
:15	:15
:30	:30
:45	:45
4	**4**
:15	:15
:30	:30
:45	:45
5	**5**
:15	:15
:30	:30
:45	:45
6	**6**
:15	:15
:30	:30
:45	:45
7	**7**
:15	:15
:30	:30
:45	:45
8	**8**
:15	:15
:30	:30
:45	:45

Veteran's Day   **November 11** (Wednesday)

7	**7**
:15	:15
:30	:30
:45	:45
8	**8**
:15	:15
:30	:30
:45	:45
9	**9**
:15	:15
:30	:30
:45	:45
10	**10**
:15	:15
:30	:30
:45	:45
11	**11**
:15	:15
:30	:30
:45	:45
12	**12**
:15	:15
:30	:30
:45	:45
1	**1**
:15	:15
:30	:30
:45	:45
2	**2**
:15	:15
:30	:30
:45	:45
3	**3**
:15	:15
:30	:30
:45	:45
4	**4**
:15	:15
:30	:30
:45	:45
5	**5**
:15	:15
:30	:30
:45	:45
6	**6**
:15	:15
:30	:30
:45	:45
7	**7**
:15	:15
:30	:30
:45	:45
8	**8**
:15	:15
:30	:30
:45	:45

November 12 (Thursday)

7	**7**
:15	:15
:30	:30
:45	:45
8	**8**
:15	:15
:30	:30
:45	:45
9	**9**
:15	:15
:30	:30
:45	:45
10	**10**
:15	:15
:30	:30
:45	:45
11	**11**
:15	:15
:30	:30
:45	:45
12	**12**
:15	:15
:30	:30
:45	:45
1	**1**
:15	:15
:30	:30
:45	:45
2	**2**
:15	:15
:30	:30
:45	:45
3	**3**
:15	:15
:30	:30
:45	:45
4	**4**
:15	:15
:30	:30
:45	:45
5	**5**
:15	:15
:30	:30
:45	:45
6	**6**
:15	:15
:30	:30
:45	:45
7	**7**
:15	:15
:30	:30
:45	:45
8	**8**
:15	:15
:30	:30
:45	:45

November 13 (Friday)

7	**7**
:15	:15
:30	:30
:45	:45
8	**8**
:15	:15
:30	:30
:45	:45
9	**9**
:15	:15
:30	:30
:45	:45
10	**10**
:15	:15
:30	:30
:45	:45
11	**11**
:15	:15
:30	:30
:45	:45
12	**12**
:15	:15
:30	:30
:45	:45
1	**1**
:15	:15
:30	:30
:45	:45
2	**2**
:15	:15
:30	:30
:45	:45
3	**3**
:15	:15
:30	:30
:45	:45
4	**4**
:15	:15
:30	:30
:45	:45
5	**5**
:15	:15
:30	:30
:45	:45
6	**6**
:15	:15
:30	:30
:45	:45
7	**7**
:15	:15
:30	:30
:45	:45
8	**8**
:15	:15
:30	:30
:45	:45

November 14 (Saturday)

7	**7**
:15	:15
:30	:30
:45	:45
8	**8**
:15	:15
:30	:30
:45	:45
9	**9**
:15	:15
:30	:30
:45	:45
10	**10**
:15	:15
:30	:30
:45	:45
11	**11**
:15	:15
:30	:30
:45	:45
12	**12**
:15	:15
:30	:30
:45	:45
1	**1**
:15	:15
:30	:30
:45	:45
2	**2**
:15	:15
:30	:30
:45	:45
3	**3**
:15	:15
:30	:30
:45	:45
4	**4**
:15	:15
:30	:30
:45	:45
5	**5**
:15	:15
:30	:30
:45	:45
6	**6**
:15	:15
:30	:30
:45	:45
7	**7**
:15	:15
:30	:30
:45	:45
8	**8**
:15	:15
:30	:30
:45	:45

7	**7**
:15	:15
:30	:30
:45	:45
8	**8**
:15	:15
:30	:30
:45	:45
9	**9**
:15	:15
:30	:30
:45	:45
10	**10**
:15	:15
:30	:30
:45	:45
11	**11**
:15	:15
:30	:30
:45	:45
12	**12**
:15	:15
:30	:30
:45	:45
1	**1**
:15	:15
:30	:30
:45	:45
2	**2**
:15	:15
:30	:30
:45	:45
3	**3**
:15	:15
:30	:30
:45	:45
4	**4**
:15	:15
:30	:30
:45	:45
5	**5**
:15	:15
:30	:30
:45	:45
6	**6**
:15	:15
:30	:30
:45	:45
7	**7**
:15	:15
:30	:30
:45	:45
8	**8**
:15	:15
:30	:30
:45	:45

November 16 (Monday)

321/45

7	**7**
:15	:15
:30	:30
:45	:45
8	**8**
:15	:15
:30	:30
:45	:45
9	**9**
:15	:15
:30	:30
:45	:45
10	**10**
:15	:15
:30	:30
:45	:45
11	**11**
:15	:15
:30	:30
:45	:45
12	**12**
:15	:15
:30	:30
:45	:45
1	**1**
:15	:15
:30	:30
:45	:45
2	**2**
:15	:15
:30	:30
:45	:45
3	**3**
:15	:15
:30	:30
:45	:45
4	**4**
:15	:15
:30	:30
:45	:45
5	**5**
:15	:15
:30	:30
:45	:45
6	**6**
:15	:15
:30	:30
:45	:45
7	**7**
:15	:15
:30	:30
:45	:45
8	**8**
:15	:15
:30	:30
:45	:45

7	**7**
:15	:15
:30	:30
:45	:45
8	**8**
:15	:15
:30	:30
:45	:45
9	**9**
:15	:15
:30	:30
:45	:45
10	**10**
:15	:15
:30	:30
:45	:45
11	**11**
:15	:15
:30	:30
:45	:45
12	**12**
:15	:15
:30	:30
:45	:45
1	**1**
:15	:15
:30	:30
:45	:45
2	**2**
:15	:15
:30	:30
:45	:45
3	**3**
:15	:15
:30	:30
:45	:45
4	**4**
:15	:15
:30	:30
:45	:45
5	**5**
:15	:15
:30	:30
:45	:45
6	**6**
:15	:15
:30	:30
:45	:45
7	**7**
:15	:15
:30	:30
:45	:45
8	**8**
:15	:15
:30	:30
:45	:45

November 18 (Wednesday)

323/43

7	**7**
:15	:15
:30	:30
:45	:45
8	**8**
:15	:15
:30	:30
:45	:45
9	**9**
:15	:15
:30	:30
:45	:45
10	**10**
:15	:15
:30	:30
:45	:45
11	**11**
:15	:15
:30	:30
:45	:45
12	**12**
:15	:15
:30	:30
:45	:45
1	**1**
:15	:15
:30	:30
:45	:45
2	**2**
:15	:15
:30	:30
:45	:45
3	**3**
:15	:15
:30	:30
:45	:45
4	**4**
:15	:15
:30	:30
:45	:45
5	**5**
:15	:15
:30	:30
:45	:45
6	**6**
:15	:15
:30	:30
:45	:45
7	**7**
:15	:15
:30	:30
:45	:45
8	**8**
:15	:15
:30	:30
:45	:45

7	**7**
:15	:15
:30	:30
:45	:45
8	**8**
:15	:15
:30	:30
:45	:45
9	**9**
:15	:15
:30	:30
:45	:45
10	**10**
:15	:15
:30	:30
:45	:45
11	**11**
:15	:15
:30	:30
:45	:45
12	**12**
:15	:15
:30	:30
:45	:45
1	**1**
:15	:15
:30	:30
:45	:45
2	**2**
:15	:15
:30	:30
:45	:45
3	**3**
:15	:15
:30	:30
:45	:45
4	**4**
:15	:15
:30	:30
:45	:45
5	**5**
:15	:15
:30	:30
:45	:45
6	**6**
:15	:15
:30	:30
:45	:45
7	**7**
:15	:15
:30	:30
:45	:45
8	**8**
:15	:15
:30	:30
:45	:45

November 20 (Friday)

325/41

7		**7**	
:15		:15	
:30		:30	
:45		:45	
8		**8**	
:15		:15	
:30		:30	
:45		:45	
9		**9**	
:15		:15	
:30		:30	
:45		:45	
10		**10**	
:15		:15	
:30		:30	
:45		:45	
11		**11**	
:15		:15	
:30		:30	
:45		:45	
12		**12**	
:15		:15	
:30		:30	
:45		:45	
1		**1**	
:15		:15	
:30		:30	
:45		:45	
2		**2**	
:15		:15	
:30		:30	
:45		:45	
3		**3**	
:15		:15	
:30		:30	
:45		:45	
4		**4**	
:15		:15	
:30		:30	
:45		:45	
5		**5**	
:15		:15	
:30		:30	
:45		:45	
6		**6**	
:15		:15	
:30		:30	
:45		:45	
7		**7**	
:15		:15	
:30		:30	
:45		:45	
8		**8**	
:15		:15	
:30		:30	
:45		:45	

November 21 (Saturday)

7	**7**
:15	:15
:30	:30
:45	:45
8	**8**
:15	:15
:30	:30
:45	:45
9	**9**
:15	:15
:30	:30
:45	:45
10	**10**
:15	:15
:30	:30
:45	:45
11	**11**
:15	:15
:30	:30
:45	:45
12	**12**
:15	:15
:30	:30
:45	:45
1	**1**
:15	:15
:30	:30
:45	:45
2	**2**
:15	:15
:30	:30
:45	:45
3	**3**
:15	:15
:30	:30
:45	:45
4	**4**
:15	:15
:30	:30
:45	:45
5	**5**
:15	:15
:30	:30
:45	:45
6	**6**
:15	:15
:30	:30
:45	:45
7	**7**
:15	:15
:30	:30
:45	:45
8	**8**
:15	:15
:30	:30
:45	:45

November 22 (Sunday)

327/39

7	**7**
:15	:15
:30	:30
:45	:45
8	**8**
:15	:15
:30	:30
:45	:45
9	**9**
:15	:15
:30	:30
:45	:45
10	**10**
:15	:15
:30	:30
:45	:45
11	**11**
:15	:15
:30	:30
:45	:45
12	**12**
:15	:15
:30	:30
:45	:45
1	**1**
:15	:15
:30	:30
:45	:45
2	**2**
:15	:15
:30	:30
:45	:45
3	**3**
:15	:15
:30	:30
:45	:45
4	**4**
:15	:15
:30	:30
:45	:45
5	**5**
:15	:15
:30	:30
:45	:45
6	**6**
:15	:15
:30	:30
:45	:45
7	**7**
:15	:15
:30	:30
:45	:45
8	**8**
:15	:15
:30	:30
:45	:45

November 23 (Monday)

7	**7**
:15	:15
:30	:30
:45	:45
8	**8**
:15	:15
:30	:30
:45	:45
9	**9**
:15	:15
:30	:30
:45	:45
10	**10**
:15	:15
:30	:30
:45	:45
11	**11**
:15	:15
:30	:30
:45	:45
12	**12**
:15	:15
:30	:30
:45	:45
1	**1**
:15	:15
:30	:30
:45	:45
2	**2**
:15	:15
:30	:30
:45	:45
3	**3**
:15	:15
:30	:30
:45	:45
4	**4**
:15	:15
:30	:30
:45	:45
5	**5**
:15	:15
:30	:30
:45	:45
6	**6**
:15	:15
:30	:30
:45	:45
7	**7**
:15	:15
:30	:30
:45	:45
8	**8**
:15	:15
:30	:30
:45	:45

November 24 (Tuesday)

329/37

7	**7**
:15	:15
:30	:30
:45	:45
8	**8**
:15	:15
:30	:30
:45	:45
9	**9**
:15	:15
:30	:30
:45	:45
10	**10**
:15	:15
:30	:30
:45	:45
11	**11**
:15	:15
:30	:30
:45	:45
12	**12**
:15	:15
:30	:30
:45	:45
1	**1**
:15	:15
:30	:30
:45	:45
2	**2**
:15	:15
:30	:30
:45	:45
3	**3**
:15	:15
:30	:30
:45	:45
4	**4**
:15	:15
:30	:30
:45	:45
5	**5**
:15	:15
:30	:30
:45	:45
6	**6**
:15	:15
:30	:30
:45	:45
7	**7**
:15	:15
:30	:30
:45	:45
8	**8**
:15	:15
:30	:30
:45	:45

7	**7**
:15	:15
:30	:30
:45	:45
8	**8**
:15	:15
:30	:30
:45	:45
9	**9**
:15	:15
:30	:30
:45	:45
10	**10**
:15	:15
:30	:30
:45	:45
11	**11**
:15	:15
:30	:30
:45	:45
12	**12**
:15	:15
:30	:30
:45	:45
1	**1**
:15	:15
:30	:30
:45	:45
2	**2**
:15	:15
:30	:30
:45	:45
3	**3**
:15	:15
:30	:30
:45	:45
4	**4**
:15	:15
:30	:30
:45	:45
5	**5**
:15	:15
:30	:30
:45	:45
6	**6**
:15	:15
:30	:30
:45	:45
7	**7**
:15	:15
:30	:30
:45	:45
8	**8**
:15	:15
:30	:30
:45	:45

November 26 (Thursday)

Thanksgiving Day

331/35

7	**7**
:15	:15
:30	:30
:45	:45
8	**8**
:15	:15
:30	:30
:45	:45
9	**9**
:15	:15
:30	:30
:45	:45
10	**10**
:15	:15
:30	:30
:45	:45
11	**11**
:15	:15
:30	:30
:45	:45
12	**12**
:15	:15
:30	:30
:45	:45
1	**1**
:15	:15
:30	:30
:45	:45
2	**2**
:15	:15
:30	:30
:45	:45
3	**3**
:15	:15
:30	:30
:45	:45
4	**4**
:15	:15
:30	:30
:45	:45
5	**5**
:15	:15
:30	:30
:45	:45
6	**6**
:15	:15
:30	:30
:45	:45
7	**7**
:15	:15
:30	:30
:45	:45
8	**8**
:15	:15
:30	:30
:45	:45

7	**7**
:15	:15
:30	:30
:45	:45
8	**8**
:15	:15
:30	:30
:45	:45
9	**9**
:15	:15
:30	:30
:45	:45
10	**10**
:15	:15
:30	:30
:45	:45
11	**11**
:15	:15
:30	:30
:45	:45
12	**12**
:15	:15
:30	:30
:45	:45
1	**1**
:15	:15
:30	:30
:45	:45
2	**2**
:15	:15
:30	:30
:45	:45
3	**3**
:15	:15
:30	:30
:45	:45
4	**4**
:15	:15
:30	:30
:45	:45
5	**5**
:15	:15
:30	:30
:45	:45
6	**6**
:15	:15
:30	:30
:45	:45
7	**7**
:15	:15
:30	:30
:45	:45
8	**8**
:15	:15
:30	:30
:45	:45

November 28 (Saturday)

7	**7**
:15	:15
:30	:30
:45	:45
8	**8**
:15	:15
:30	:30
:45	:45
9	**9**
:15	:15
:30	:30
:45	:45
10	**10**
:15	:15
:30	:30
:45	:45
11	**11**
:15	:15
:30	:30
:45	:45
12	**12**
:15	:15
:30	:30
:45	:45
1	**1**
:15	:15
:30	:30
:45	:45
2	**2**
:15	:15
:30	:30
:45	:45
3	**3**
:15	:15
:30	:30
:45	:45
4	**4**
:15	:15
:30	:30
:45	:45
5	**5**
:15	:15
:30	:30
:45	:45
6	**6**
:15	:15
:30	:30
:45	:45
7	**7**
:15	:15
:30	:30
:45	:45
8	**8**
:15	:15
:30	:30
:45	:45

November 29 (Sunday)

7	**7**
:15	:15
:30	:30
:45	:45
8	**8**
:15	:15
:30	:30
:45	:45
9	**9**
:15	:15
:30	:30
:45	:45
10	**10**
:15	:15
:30	:30
:45	:45
11	**11**
:15	:15
:30	:30
:45	:45
12	**12**
:15	:15
:30	:30
:45	:45
1	**1**
:15	:15
:30	:30
:45	:45
2	**2**
:15	:15
:30	:30
:45	:45
3	**3**
:15	:15
:30	:30
:45	:45
4	**4**
:15	:15
:30	:30
:45	:45
5	**5**
:15	:15
:30	:30
:45	:45
6	**6**
:15	:15
:30	:30
:45	:45
7	**7**
:15	:15
:30	:30
:45	:45
8	**8**
:15	:15
:30	:30
:45	:45

November 30 (Monday)

7	**7**
:15	:15
:30	:30
:45	:45
8	**8**
:15	:15
:30	:30
:45	:45
9	**9**
:15	:15
:30	:30
:45	:45
10	**10**
:15	:15
:30	:30
:45	:45
11	**11**
:15	:15
:30	:30
:45	:45
12	**12**
:15	:15
:30	:30
:45	:45
1	**1**
:15	:15
:30	:30
:45	:45
2	**2**
:15	:15
:30	:30
:45	:45
3	**3**
:15	:15
:30	:30
:45	:45
4	**4**
:15	:15
:30	:30
:45	:45
5	**5**
:15	:15
:30	:30
:45	:45
6	**6**
:15	:15
:30	:30
:45	:45
7	**7**
:15	:15
:30	:30
:45	:45
8	**8**
:15	:15
:30	:30
:45	:45

December 1 (Tuesday)

7	7
:15	:15
:30	:30
:45	:45
8	8
:15	:15
:30	:30
:45	:45
9	9
:15	:15
:30	:30
:45	:45
10	10
:15	:15
:30	:30
:45	:45
11	11
:15	:15
:30	:30
:45	:45
12	12
:15	:15
:30	:30
:45	:45
1	1
:15	:15
:30	:30
:45	:45
2	2
:15	:15
:30	:30
:45	:45
3	3
:15	:15
:30	:30
:45	:45
4	4
:15	:15
:30	:30
:45	:45
5	5
:15	:15
:30	:30
:45	:45
6	6
:15	:15
:30	:30
:45	:45
7	7
:15	:15
:30	:30
:45	:45
8	8
:15	:15
:30	:30
:45	:45

December 2 (Wednesday)

337/29

7	**7**
:15	:15
:30	:30
:45	:45
8	**8**
:15	:15
:30	:30
:45	:45
9	**9**
:15	:15
:30	:30
:45	:45
10	**10**
:15	:15
:30	:30
:45	:45
11	**11**
:15	:15
:30	:30
:45	:45
12	**12**
:15	:15
:30	:30
:45	:45
1	**1**
:15	:15
:30	:30
:45	:45
2	**2**
:15	:15
:30	:30
:45	:45
3	**3**
:15	:15
:30	:30
:45	:45
4	**4**
:15	:15
:30	:30
:45	:45
5	**5**
:15	:15
:30	:30
:45	:45
6	**6**
:15	:15
:30	:30
:45	:45
7	**7**
:15	:15
:30	:30
:45	:45
8	**8**
:15	:15
:30	:30
:45	:45

December 3 (Thursday)

7	**7**
:15	:15
:30	:30
:45	:45
8	**8**
:15	:15
:30	:30
:45	:45
9	**9**
:15	:15
:30	:30
:45	:45
10	**10**
:15	:15
:30	:30
:45	:45
11	**11**
:15	:15
:30	:30
:45	:45
12	**12**
:15	:15
:30	:30
:45	:45
1	**1**
:15	:15
:30	:30
:45	:45
2	**2**
:15	:15
:30	:30
:45	:45
3	**3**
:15	:15
:30	:30
:45	:45
4	**4**
:15	:15
:30	:30
:45	:45
5	**5**
:15	:15
:30	:30
:45	:45
6	**6**
:15	:15
:30	:30
:45	:45
7	**7**
:15	:15
:30	:30
:45	:45
8	**8**
:15	:15
:30	:30
:45	:45

December 4 (Friday)

7	**7**
:15	:15
:30	:30
:45	:45
8	**8**
:15	:15
:30	:30
:45	:45
9	**9**
:15	:15
:30	:30
:45	:45
10	**10**
:15	:15
:30	:30
:45	:45
11	**11**
:15	:15
:30	:30
:45	:45
12	**12**
:15	:15
:30	:30
:45	:45
1	**1**
:15	:15
:30	:30
:45	:45
2	**2**
:15	:15
:30	:30
:45	:45
3	**3**
:15	:15
:30	:30
:45	:45
4	**4**
:15	:15
:30	:30
:45	:45
5	**5**
:15	:15
:30	:30
:45	:45
6	**6**
:15	:15
:30	:30
:45	:45
7	**7**
:15	:15
:30	:30
:45	:45
8	**8**
:15	:15
:30	:30
:45	:45

7	**7**
:15	:15
:30	:30
:45	:45
8	**8**
:15	:15
:30	:30
:45	:45
9	**9**
:15	:15
:30	:30
:45	:45
10	**10**
:15	:15
:30	:30
:45	:45
11	**11**
:15	:15
:30	:30
:45	:45
12	**12**
:15	:15
:30	:30
:45	:45
1	**1**
:15	:15
:30	:30
:45	:45
2	**2**
:15	:15
:30	:30
:45	:45
3	**3**
:15	:15
:30	:30
:45	:45
4	**4**
:15	:15
:30	:30
:45	:45
5	**5**
:15	:15
:30	:30
:45	:45
6	**6**
:15	:15
:30	:30
:45	:45
7	**7**
:15	:15
:30	:30
:45	:45
8	**8**
:15	:15
:30	:30
:45	:45

December 6 (Sunday)

7	**7**
:15	:15
:30	:30
:45	:45
8	**8**
:15	:15
:30	:30
:45	:45
9	**9**
:15	:15
:30	:30
:45	:45
10	**10**
:15	:15
:30	:30
:45	:45
11	**11**
:15	:15
:30	:30
:45	:45
12	**12**
:15	:15
:30	:30
:45	:45
1	**1**
:15	:15
:30	:30
:45	:45
2	**2**
:15	:15
:30	:30
:45	:45
3	**3**
:15	:15
:30	:30
:45	:45
4	**4**
:15	:15
:30	:30
:45	:45
5	**5**
:15	:15
:30	:30
:45	:45
6	**6**
:15	:15
:30	:30
:45	:45
7	**7**
:15	:15
:30	:30
:45	:45
8	**8**
:15	:15
:30	:30
:45	:45

December 7 (Monday)

7	**7**
:15	:15
:30	:30
:45	:45
8	**8**
:15	:15
:30	:30
:45	:45
9	**9**
:15	:15
:30	:30
:45	:45
10	**10**
:15	:15
:30	:30
:45	:45
11	**11**
:15	:15
:30	:30
:45	:45
12	**12**
:15	:15
:30	:30
:45	:45
1	**1**
:15	:15
:30	:30
:45	:45
2	**2**
:15	:15
:30	:30
:45	:45
3	**3**
:15	:15
:30	:30
:45	:45
4	**4**
:15	:15
:30	:30
:45	:45
5	**5**
:15	:15
:30	:30
:45	:45
6	**6**
:15	:15
:30	:30
:45	:45
7	**7**
:15	:15
:30	:30
:45	:45
8	**8**
:15	:15
:30	:30
:45	:45

December 8 (Tuesday)

7	**7**
:15	:15
:30	:30
:45	:45
8	**8**
:15	:15
:30	:30
:45	:45
9	**9**
:15	:15
:30	:30
:45	:45
10	**10**
:15	:15
:30	:30
:45	:45
11	**11**
:15	:15
:30	:30
:45	:45
12	**12**
:15	:15
:30	:30
:45	:45
1	**1**
:15	:15
:30	:30
:45	:45
2	**2**
:15	:15
:30	:30
:45	:45
3	**3**
:15	:15
:30	:30
:45	:45
4	**4**
:15	:15
:30	:30
:45	:45
5	**5**
:15	:15
:30	:30
:45	:45
6	**6**
:15	:15
:30	:30
:45	:45
7	**7**
:15	:15
:30	:30
:45	:45
8	**8**
:15	:15
:30	:30
:45	:45

7	**7**
:15	:15
:30	:30
:45	:45
8	**8**
:15	:15
:30	:30
:45	:45
9	**9**
:15	:15
:30	:30
:45	:45
10	**10**
:15	:15
:30	:30
:45	:45
11	**11**
:15	:15
:30	:30
:45	:45
12	**12**
:15	:15
:30	:30
:45	:45
1	**1**
:15	:15
:30	:30
:45	:45
2	**2**
:15	:15
:30	:30
:45	:45
3	**3**
:15	:15
:30	:30
:45	:45
4	**4**
:15	:15
:30	:30
:45	:45
5	**5**
:15	:15
:30	:30
:45	:45
6	**6**
:15	:15
:30	:30
:45	:45
7	**7**
:15	:15
:30	:30
:45	:45
8	**8**
:15	:15
:30	:30
:45	:45

December 10 (Thursday)

7	**7**
:15	:15
:30	:30
:45	:45
8	**8**
:15	:15
:30	:30
:45	:45
9	**9**
:15	:15
:30	:30
:45	:45
10	**10**
:15	:15
:30	:30
:45	:45
11	**11**
:15	:15
:30	:30
:45	:45
12	**12**
:15	:15
:30	:30
:45	:45
1	**1**
:15	:15
:30	:30
:45	:45
2	**2**
:15	:15
:30	:30
:45	:45
3	**3**
:15	:15
:30	:30
:45	:45
4	**4**
:15	:15
:30	:30
:45	:45
5	**5**
:15	:15
:30	:30
:45	:45
6	**6**
:15	:15
:30	:30
:45	:45
7	**7**
:15	:15
:30	:30
:45	:45
8	**8**
:15	:15
:30	:30
:45	:45

7	**7**
:15	:15
:30	:30
:45	:45
8	**8**
:15	:15
:30	:30
:45	:45
9	**9**
:15	:15
:30	:30
:45	:45
10	**10**
:15	:15
:30	:30
:45	:45
11	**11**
:15	:15
:30	:30
:45	:45
12	**12**
:15	:15
:30	:30
:45	:45
1	**1**
:15	:15
:30	:30
:45	:45
2	**2**
:15	:15
:30	:30
:45	:45
3	**3**
:15	:15
:30	:30
:45	:45
4	**4**
:15	:15
:30	:30
:45	:45
5	**5**
:15	:15
:30	:30
:45	:45
6	**6**
:15	:15
:30	:30
:45	:45
7	**7**
:15	:15
:30	:30
:45	:45
8	**8**
:15	:15
:30	:30
:45	:45

December 12 (Saturday)

7	**7**
:15	:15
:30	:30
:45	:45
8	**8**
:15	:15
:30	:30
:45	:45
9	**9**
:15	:15
:30	:30
:45	:45
10	**10**
:15	:15
:30	:30
:45	:45
11	**11**
:15	:15
:30	:30
:45	:45
12	**12**
:15	:15
:30	:30
:45	:45
1	**1**
:15	:15
:30	:30
:45	:45
2	**2**
:15	:15
:30	:30
:45	:45
3	**3**
:15	:15
:30	:30
:45	:45
4	**4**
:15	:15
:30	:30
:45	:45
5	**5**
:15	:15
:30	:30
:45	:45
6	**6**
:15	:15
:30	:30
:45	:45
7	**7**
:15	:15
:30	:30
:45	:45
8	**8**
:15	:15
:30	:30
:45	:45

7	**7**
:15	:15
:30	:30
:45	:45
8	**8**
:15	:15
:30	:30
:45	:45
9	**9**
:15	:15
:30	:30
:45	:45
10	**10**
:15	:15
:30	:30
:45	:45
11	**11**
:15	:15
:30	:30
:45	:45
12	**12**
:15	:15
:30	:30
:45	:45
1	**1**
:15	:15
:30	:30
:45	:45
2	**2**
:15	:15
:30	:30
:45	:45
3	**3**
:15	:15
:30	:30
:45	:45
4	**4**
:15	:15
:30	:30
:45	:45
5	**5**
:15	:15
:30	:30
:45	:45
6	**6**
:15	:15
:30	:30
:45	:45
7	**7**
:15	:15
:30	:30
:45	:45
8	**8**
:15	:15
:30	:30
:45	:45

December 14 (Monday)

7	**7**
:15	:15
:30	:30
:45	:45
8	**8**
:15	:15
:30	:30
:45	:45
9	**9**
:15	:15
:30	:30
:45	:45
10	**10**
:15	:15
:30	:30
:45	:45
11	**11**
:15	:15
:30	:30
:45	:45
12	**12**
:15	:15
:30	:30
:45	:45
1	**1**
:15	:15
:30	:30
:45	:45
2	**2**
:15	:15
:30	:30
:45	:45
3	**3**
:15	:15
:30	:30
:45	:45
4	**4**
:15	:15
:30	:30
:45	:45
5	**5**
:15	:15
:30	:30
:45	:45
6	**6**
:15	:15
:30	:30
:45	:45
7	**7**
:15	:15
:30	:30
:45	:45
8	**8**
:15	:15
:30	:30
:45	:45

7	7
:15	:15
:30	:30
:45	:45
8	8
:15	:15
:30	:30
:45	:45
9	9
:15	:15
:30	:30
:45	:45
10	10
:15	:15
:30	:30
:45	:45
11	11
:15	:15
:30	:30
:45	:45
12	12
:15	:15
:30	:30
:45	:45
1	1
:15	:15
:30	:30
:45	:45
2	2
:15	:15
:30	:30
:45	:45
3	3
:15	:15
:30	:30
:45	:45
4	4
:15	:15
:30	:30
:45	:45
5	5
:15	:15
:30	:30
:45	:45
6	6
:15	:15
:30	:30
:45	:45
7	7
:15	:15
:30	:30
:45	:45
8	8
:15	:15
:30	:30
:45	:45

December 16 (Wednesday)

7	**7**
:15	:15
:30	:30
:45	:45
8	**8**
:15	:15
:30	:30
:45	:45
9	**9**
:15	:15
:30	:30
:45	:45
10	**10**
:15	:15
:30	:30
:45	:45
11	**11**
:15	:15
:30	:30
:45	:45
12	**12**
:15	:15
:30	:30
:45	:45
1	**1**
:15	:15
:30	:30
:45	:45
2	**2**
:15	:15
:30	:30
:45	:45
3	**3**
:15	:15
:30	:30
:45	:45
4	**4**
:15	:15
:30	:30
:45	:45
5	**5**
:15	:15
:30	:30
:45	:45
6	**6**
:15	:15
:30	:30
:45	:45
7	**7**
:15	:15
:30	:30
:45	:45
8	**8**
:15	:15
:30	:30
:45	:45

7	**7**
:15	:15
:30	:30
:45	:45
8	**8**
:15	:15
:30	:30
:45	:45
9	**9**
:15	:15
:30	:30
:45	:45
10	**10**
:15	:15
:30	:30
:45	:45
11	**11**
:15	:15
:30	:30
:45	:45
12	**12**
:15	:15
:30	:30
:45	:45
1	**1**
:15	:15
:30	:30
:45	:45
2	**2**
:15	:15
:30	:30
:45	:45
3	**3**
:15	:15
:30	:30
:45	:45
4	**4**
:15	:15
:30	:30
:45	:45
5	**5**
:15	:15
:30	:30
:45	:45
6	**6**
:15	:15
:30	:30
:45	:45
7	**7**
:15	:15
:30	:30
:45	:45
8	**8**
:15	:15
:30	:30
:45	:45

December 18 (Friday)

353/13

7	**7**
:15	:15
:30	:30
:45	:45
8	**8**
:15	:15
:30	:30
:45	:45
9	**9**
:15	:15
:30	:30
:45	:45
10	**10**
:15	:15
:30	:30
:45	:45
11	**11**
:15	:15
:30	:30
:45	:45
12	**12**
:15	:15
:30	:30
:45	:45
1	**1**
:15	:15
:30	:30
:45	:45
2	**2**
:15	:15
:30	:30
:45	:45
3	**3**
:15	:15
:30	:30
:45	:45
4	**4**
:15	:15
:30	:30
:45	:45
5	**5**
:15	:15
:30	:30
:45	:45
6	**6**
:15	:15
:30	:30
:45	:45
7	**7**
:15	:15
:30	:30
:45	:45
8	**8**
:15	:15
:30	:30
:45	:45

7	**7**
:15	:15
:30	:30
:45	:45
8	**8**
:15	:15
:30	:30
:45	:45
9	**9**
:15	:15
:30	:30
:45	:45
10	**10**
:15	:15
:30	:30
:45	:45
11	**11**
:15	:15
:30	:30
:45	:45
12	**12**
:15	:15
:30	:30
:45	:45
1	**1**
:15	:15
:30	:30
:45	:45
2	**2**
:15	:15
:30	:30
:45	:45
3	**3**
:15	:15
:30	:30
:45	:45
4	**4**
:15	:15
:30	:30
:45	:45
5	**5**
:15	:15
:30	:30
:45	:45
6	**6**
:15	:15
:30	:30
:45	:45
7	**7**
:15	:15
:30	:30
:45	:45
8	**8**
:15	:15
:30	:30
:45	:45

December 20 (Sunday)

7	**7**
:15	:15
:30	:30
:45	:45
8	**8**
:15	:15
:30	:30
:45	:45
9	**9**
:15	:15
:30	:30
:45	:45
10	**10**
:15	:15
:30	:30
:45	:45
11	**11**
:15	:15
:30	:30
:45	:45
12	**12**
:15	:15
:30	:30
:45	:45
1	**1**
:15	:15
:30	:30
:45	:45
2	**2**
:15	:15
:30	:30
:45	:45
3	**3**
:15	:15
:30	:30
:45	:45
4	**4**
:15	:15
:30	:30
:45	:45
5	**5**
:15	:15
:30	:30
:45	:45
6	**6**
:15	:15
:30	:30
:45	:45
7	**7**
:15	:15
:30	:30
:45	:45
8	**8**
:15	:15
:30	:30
:45	:45

7	**7**
:15	:15
:30	:30
:45	:45
8	**8**
:15	:15
:30	:30
:45	:45
9	**9**
:15	:15
:30	:30
:45	:45
10	**10**
:15	:15
:30	:30
:45	:45
11	**11**
:15	:15
:30	:30
:45	:45
12	**12**
:15	:15
:30	:30
:45	:45
1	**1**
:15	:15
:30	:30
:45	:45
2	**2**
:15	:15
:30	:30
:45	:45
3	**3**
:15	:15
:30	:30
:45	:45
4	**4**
:15	:15
:30	:30
:45	:45
5	**5**
:15	:15
:30	:30
:45	:45
6	**6**
:15	:15
:30	:30
:45	:45
7	**7**
:15	:15
:30	:30
:45	:45
8	**8**
:15	:15
:30	:30
:45	:45

December 22 (Tuesday)

7	**7**
:15	:15
:30	:30
:45	:45
8	**8**
:15	:15
:30	:30
:45	:45
9	**9**
:15	:15
:30	:30
:45	:45
10	**10**
:15	:15
:30	:30
:45	:45
11	**11**
:15	:15
:30	:30
:45	:45
12	**12**
:15	:15
:30	:30
:45	:45
1	**1**
:15	:15
:30	:30
:45	:45
2	**2**
:15	:15
:30	:30
:45	:45
3	**3**
:15	:15
:30	:30
:45	:45
4	**4**
:15	:15
:30	:30
:45	:45
5	**5**
:15	:15
:30	:30
:45	:45
6	**6**
:15	:15
:30	:30
:45	:45
7	**7**
:15	:15
:30	:30
:45	:45
8	**8**
:15	:15
:30	:30
:45	:45

7	7
:15	:15
:30	:30
:45	:45
8	8
:15	:15
:30	:30
:45	:45
9	9
:15	:15
:30	:30
:45	:45
10	10
:15	:15
:30	:30
:45	:45
11	11
:15	:15
:30	:30
:45	:45
12	12
:15	:15
:30	:30
:45	:45
1	1
:15	:15
:30	:30
:45	:45
2	2
:15	:15
:30	:30
:45	:45
3	3
:15	:15
:30	:30
:45	:45
4	4
:15	:15
:30	:30
:45	:45
5	5
:15	:15
:30	:30
:45	:45
6	6
:15	:15
:30	:30
:45	:45
7	7
:15	:15
:30	:30
:45	:45
8	8
:15	:15
:30	:30
:45	:45

December 24 (Thursday)

7	7
:15	:15
:30	:30
:45	:45
8	8
:15	:15
:30	:30
:45	:45
9	9
:15	:15
:30	:30
:45	:45
10	10
:15	:15
:30	:30
:45	:45
11	11
:15	:15
:30	:30
:45	:45
12	12
:15	:15
:30	:30
:45	:45
1	1
:15	:15
:30	:30
:45	:45
2	2
:15	:15
:30	:30
:45	:45
3	3
:15	:15
:30	:30
:45	:45
4	4
:15	:15
:30	:30
:45	:45
5	5
:15	:15
:30	:30
:45	:45
6	6
:15	:15
:30	:30
:45	:45
7	7
:15	:15
:30	:30
:45	:45
8	8
:15	:15
:30	:30
:45	:45

Christmas Day

December 25 (Friday)

7	7
:15	:15
:30	:30
:45	:45
8	8
:15	:15
:30	:30
:45	:45
9	9
:15	:15
:30	:30
:45	:45
10	10
:15	:15
:30	:30
:45	:45
11	11
:15	:15
:30	:30
:45	:45
12	12
:15	:15
:30	:30
:45	:45
1	1
:15	:15
:30	:30
:45	:45
2	2
:15	:15
:30	:30
:45	:45
3	3
:15	:15
:30	:30
:45	:45
4	4
:15	:15
:30	:30
:45	:45
5	5
:15	:15
:30	:30
:45	:45
6	6
:15	:15
:30	:30
:45	:45
7	7
:15	:15
:30	:30
:45	:45
8	8
:15	:15
:30	:30
:45	:45

December 26 (Saturday)

7	7
:15	:15
:30	:30
:45	:45
8	8
:15	:15
:30	:30
:45	:45
9	9
:15	:15
:30	:30
:45	:45
10	10
:15	:15
:30	:30
:45	:45
11	11
:15	:15
:30	:30
:45	:45
12	12
:15	:15
:30	:30
:45	:45
1	1
:15	:15
:30	:30
:45	:45
2	2
:15	:15
:30	:30
:45	:45
3	3
:15	:15
:30	:30
:45	:45
4	4
:15	:15
:30	:30
:45	:45
5	5
:15	:15
:30	:30
:45	:45
6	6
:15	:15
:30	:30
:45	:45
7	7
:15	:15
:30	:30
:45	:45
8	8
:15	:15
:30	:30
:45	:45

7	**7**
:15	:15
:30	:30
:45	:45
8	**8**
:15	:15
:30	:30
:45	:45
9	**9**
:15	:15
:30	:30
:45	:45
10	**10**
:15	:15
:30	:30
:45	:45
11	**11**
:15	:15
:30	:30
:45	:45
12	**12**
:15	:15
:30	:30
:45	:45
1	**1**
:15	:15
:30	:30
:45	:45
2	**2**
:15	:15
:30	:30
:45	:45
3	**3**
:15	:15
:30	:30
:45	:45
4	**4**
:15	:15
:30	:30
:45	:45
5	**5**
:15	:15
:30	:30
:45	:45
6	**6**
:15	:15
:30	:30
:45	:45
7	**7**
:15	:15
:30	:30
:45	:45
8	**8**
:15	:15
:30	:30
:45	:45

December 28 (Monday)

7	**7**
:15	:15
:30	:30
:45	:45
8	**8**
:15	:15
:30	:30
:45	:45
9	**9**
:15	:15
:30	:30
:45	:45
10	**10**
:15	:15
:30	:30
:45	:45
11	**11**
:15	:15
:30	:30
:45	:45
12	**12**
:15	:15
:30	:30
:45	:45
1	**1**
:15	:15
:30	:30
:45	:45
2	**2**
:15	:15
:30	:30
:45	:45
3	**3**
:15	:15
:30	:30
:45	:45
4	**4**
:15	:15
:30	:30
:45	:45
5	**5**
:15	:15
:30	:30
:45	:45
6	**6**
:15	:15
:30	:30
:45	:45
7	**7**
:15	:15
:30	:30
:45	:45
8	**8**
:15	:15
:30	:30
:45	:45

7	**7**
:15	:15
:30	:30
:45	:45
8	**8**
:15	:15
:30	:30
:45	:45
9	**9**
:15	:15
:30	:30
:45	:45
10	**10**
:15	:15
:30	:30
:45	:45
11	**11**
:15	:15
:30	:30
:45	:45
12	**12**
:15	:15
:30	:30
:45	:45
1	**1**
:15	:15
:30	:30
:45	:45
2	**2**
:15	:15
:30	:30
:45	:45
3	**3**
:15	:15
:30	:30
:45	:45
4	**4**
:15	:15
:30	:30
:45	:45
5	**5**
:15	:15
:30	:30
:45	:45
6	**6**
:15	:15
:30	:30
:45	:45
7	**7**
:15	:15
:30	:30
:45	:45
8	**8**
:15	:15
:30	:30
:45	:45

December 30 (Wednesday)

7	**7**
:15	:15
:30	:30
:45	:45
8	**8**
:15	:15
:30	:30
:45	:45
9	**9**
:15	:15
:30	:30
:45	:45
10	**10**
:15	:15
:30	:30
:45	:45
11	**11**
:15	:15
:30	:30
:45	:45
12	**12**
:15	:15
:30	:30
:45	:45
1	**1**
:15	:15
:30	:30
:45	:45
2	**2**
:15	:15
:30	:30
:45	:45
3	**3**
:15	:15
:30	:30
:45	:45
4	**4**
:15	:15
:30	:30
:45	:45
5	**5**
:15	:15
:30	:30
:45	:45
6	**6**
:15	:15
:30	:30
:45	:45
7	**7**
:15	:15
:30	:30
:45	:45
8	**8**
:15	:15
:30	:30
:45	:45

7	7
:15	:15
:30	:30
:45	:45
8	8
:15	:15
:30	:30
:45	:45
9	9
:15	:15
:30	:30
:45	:45
10	10
:15	:15
:30	:30
:45	:45
11	11
:15	:15
:30	:30
:45	:45
12	12
:15	:15
:30	:30
:45	:45
1	1
:15	:15
:30	:30
:45	:45
2	2
:15	:15
:30	:30
:45	:45
3	3
:15	:15
:30	:30
:45	:45
4	4
:15	:15
:30	:30
:45	:45
5	5
:15	:15
:30	:30
:45	:45
6	6
:15	:15
:30	:30
:45	:45
7	7
:15	:15
:30	:30
:45	:45
8	8
:15	:15
:30	:30
:45	:45

Name & Address	Phone & Fax	Name & Address	Phone & Fax